献给想好好说话的你

超级聊天术

实战篇

[日]斋藤孝 著

雯 姝 译

前言

只要能说出“第一句话”，
谁都能轻松成为聊天达人

家人、亲戚、朋友、熟人，在学校里或工作环境中认识的人，甚至还有那些关系不是很熟的点头之交或彻底的陌生人，我们每天都生活在周围的各种人际关系之中。而在这种复杂的人际关系中，能够让我们不断进行交流的基础是“日常对话”，也就是聊天。

然而——

邻里之间冷漠无交流；在网店或便利店里购物，不需要开口跟店员说一句话就能买到东西；比起打电话，更喜欢发信息或邮件。

就这样，现代社会中使用“日常对话”的机会不断减少，聊天的机会也随之变得越来越少。

于是——

“跟面熟的人一起搭电梯，感觉气氛好尴尬啊！”

“独自参加自助餐派对，不知所措，很是苦恼！”

“在客户公司里只会谈论跟工作有关的事情，除此之外，跟上司或客人说些什么好呢……”

诸如此类，在日常生活中，“需要闲聊两句的瞬间”常常突然降临，搞得我们不知所措。

通过这种“闲聊两句”的对话拉近彼此距离、融洽气氛、消除隔阂，构建一定信任关系的能力，就是“聊天术”，是交流能力的一种。

“聊天术”是人际交往过程中不可或缺的一种生存技能。

尽管如此，随着锻炼“聊天术”的机会越来越少，苦于“无法好好聊天”的人却越来越多。

在《超级聊天术》一书中，重点围绕“什么是聊天力”“聊天的基本是什么”进行了阐述，承蒙大家喜爱，该书在日本的销量已经突破40万册，成为一本超级畅销书。

有的读者买那本书，是为了给自己的工作带来帮助，按照书中的指导，先试着和妻子聊上一番后，发现夫妻之间的关系竟然变得出人意料的好。我陆续收到不少读者反馈说“实践之后发现效果比想象的更好”，这让我十分欣慰。

随着图书的畅销，在电视节目、杂志采访和演讲等场合，有越来越多的人问我“提高聊天术的方法”，最常听到的就是下面这个提问。

“我知道聊天术很重要，可我就是不知道到底应该怎么开口啊！”

电梯里、上班或上学的途中、久别的亲友聚会等，在这类需要开口闲聊几句的场合，却往往不知该如何开口。结果，只能沉默着挨时间，感到尴尬异常。在那种场合下，如果能轻松地开口，聊点什么，想必能度过一段更愉快的时间吧。

哦，原来有这么多人都苦于“明明心里知道，却不会聊天”。

“没错，要是能开口说出‘第一句话’，聊天和交流都会变得非常轻松有趣。”

这就是促使我写这本书的契机。

本书将以提问回答的形式，解决大家提出的“日常生活中的聊天困境”。而且，为了方便读者朋友能够快速实践，还会在每个场景中提供“可以从这句话开始聊哦”的具体实用例句。

只要知道“第一句话”该怎么说，你的聊天术就能得到明显提升。

书中出现的场景，既有大家实际遇到过的、让你感叹“是啊是啊，这种时候很头疼”的情况，也有一些情境可能和你没有直接关系，像是“我又不是跑业务的”“我还没结婚呢”。

但是，我不建议抱有“跟我无关的例子就跳过吧”的态度，希望大家一定从头到尾全部看完。

“居然还会有人遇到这么尴尬的事情。”

“原来有人不得不面对这样的麻烦。”

“原来那时可以用这样的办法杀出重围的。”

了解世间的各种聊天场面，对于提升你自己的聊天术也非常有用。

对于这些提问的回答，其实也只是我自己的一种经验。所以，各位读者也不一定要依样画葫芦。“原来还可以这样”“可是我的情况有点不一样，可能还是这样处理比较好”“这种方法在我们老板身上大概是行不通的”，请大家结合自己的具体情况，在实际运用的时候适当地做一些调整。

不是为了别人而聊天

这个话题可能稍微有点深奥——有研究报告显示，人类的大脑中存在“同步现象”。所谓“同步现象”，指的是自己的大脑活动与其他人的大脑活动同步的情况。

很多朋友大概都有过这样的经验：如果自己身边的人干劲不足，自己也会莫名地变得打不起精神。

举个例子，假如某一个人心事重重，那么在场的另一个人也会同样地在心里（大脑里）感到不安。这就是大脑的同步现象。人类的心和心（大脑和大脑）比我们想象的更容易同步。

当你感觉“好尴尬啊”的时候，对方也会同步产生这样的感觉。当你感觉“啊，气氛轻松多了”的时候，两个人的心情都会变得放松。如果能够轻松化解双方同时感受到的尴尬，彼此的压力都能得到减轻。

如果电梯里只有两个人，并且气氛沉默，只需稍微鼓起勇气，开口打破沉默，那种随之而来的压力释放感和空气缓和后的愉悦感会让你感觉特别难得。

“轻松多了”“松了一口气”“度过了愉快的时光”……

这类想法拥有瞬间消除人际交往压力的强大力量。

聊天不仅能够解放对方，同时可以使自己得到解脱，是最佳的治愈方法。

特别是对于“不擅长与人进行语言交流”的人来说，聊天可以大大提升他们的自信。只要能说出开头的第一句话，世界就会变得不同。如果再加上一点技巧和勇气，你就能掌握一种既能治愈自己又能治愈对方的强大力量。

“这未免有点夸张吧！”或许你会这样想。但是，不管怎样，我希望大家都能实践我说的方法，真切地感受一下那种愉悦。

通过让自己感到放松，同时也治愈对方的尴尬。让自己带来的聊天把自己、对方和周围的气氛都变得轻松愉快。

是的，我们并不是为了别人而聊天，但却可以治愈别人。

让我们马上开始实践吧！

序章　每个人都能掌握的聊天术！聊天的五大法则

第1章　化解尴尬气氛！解围的聊天术

第 2 章　工作变顺利！让事业变顺畅的聊天术

复习一下！提高聊天术的九大技巧

第 3 章　让你的节日变得愉快！与亲戚和睦相处的聊天术

第 4 章　让你和喜欢的人更亲密！有助于恋爱的聊天术

序章

每个人都能掌握的聊天术！

聊天的五大法则

聊天法则①

聊天并不一定要有具体内容

日常生活的对话中，“有意义的对话＝谈事情”占的比例相当少。对话的绝大多数都是“无意义的废话＝聊天”。

如果因为“无意义”就认为聊天是不需要的，那就大错特错了。通过聊天使周围的气氛变得融洽后，可以消除双方的隔阂，加深彼此的信任关系。说话的内容并不重要，重要的在于聊天本身。

聊天法则②

聊天由“打招呼 + α”构成

打招呼是极好的聊天开头，但仅靠打招呼是不够的。聊天的基本构成是“打招呼+α”。只有在“你好”“早上好”的后面再加上其他内容，才算是真正的聊天。

比如，把眼前的事物拿来做话题，聊上两句“最近高尔夫打得怎么样？”对方对你的印象就会明显改观。只需5～10秒，你的人际关系就能变得更和谐。

聊天法则③

聊天应该爽快地结束

有不少朋友常常无法爽快地结束聊天，一聊就聊很久。别说消除隔阂了，双方都聊得精疲力尽，实在是得不偿失。所以，结束聊天的方法也是聊天技巧中的重要一点。在对话途中，简单地用一句“那么先这样”或“那下次再联系”就能自然地结束聊天。

因为知道自己随时可以快速地结束聊天，所以聊起天来也就特别轻松，不会有负担。

聊天法则④

聊天
并不需要结论

正聊到兴头上，如果这时突然来一句“也就是说，是……这么一回事是吧”这样的总结，那么聊天就到此为止了。不对话题下结论，不断地变换话题，让对方越聊越开心，这就是延长聊天时间的技巧。

如果强行给聊天话题下结论，这样与其说是聊天，更像是“讨论”。这背离了融洽气氛、打消彼此隔阂的初衷。

聊天法则⑤

只要经过练习，人人都能擅长聊天

“没法像谐星那样能说会道，我真是太不会说话了。”常常有人对自己抱有这样的误解。其实，聊天并不需要拥有像谐星那样流利的表达能力。

从根本上讲，聊天与其说是说话，不如说是人与人之间的一种往来，并不需要什么天生的能力。

看完后面将要介绍的 101 个聊天烦恼和 9 项聊天技巧后，每个人都能轻松提高自己的聊天能力。

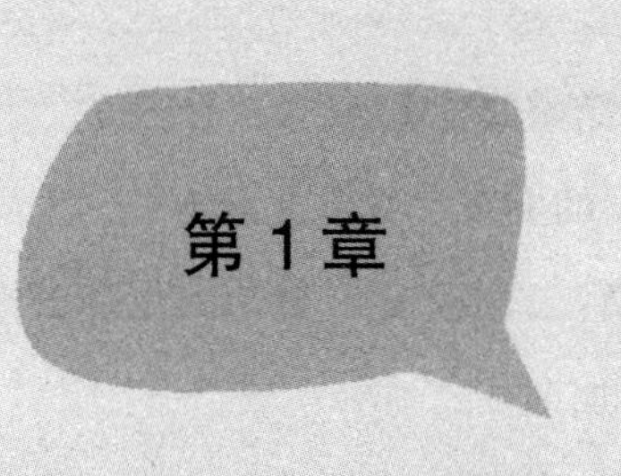

化解尴尬气氛！

解围的聊天术

解围聊天案例 1

独自参加自助餐派对，如何跟初次见面的人交谈？

上次，应邀参加了朋友结婚的答谢宴。

因为和她几乎没有共同的朋友，所以有点担心，犹豫要不要参加，但是她对我说：“没事的，其他人也都跟你差不多。”于是，我就去参加了。

可是，等我到了聚会的地方后，发现像我这样一个人参加的客人屈指可数。

大多数人都是彼此认识的朋友，大家互相问候着“好久不见，最近还好吗”，相聊甚欢。

我心里想着“根本就不是之前说的那样嘛”，但碍于是庆祝的聚会，也不好意思提前离开。

结果，不擅长和陌生人交谈的我，只能一个人无聊地玩手机。

搜索和自己一样是“壁花小姐”的人

虽然你“不擅长”和陌生人说话，但并不是“不想说话”。只是无法加入到对话的圈子里，抓不到说话的机会或缝隙。有这种困扰的人比我们想象中要多得多。

其实，每个人都有对话的欲望。所以，请看看你的周围。在场的人里面，是不是还有别人和你一样正在无聊地玩手机。找到这样的人，试着和他（她）聊聊看。

“周围都是不认识的人，挺不自在的呢”“这种派对，我真是应付不来啊”，一开始可以用“同是天涯沦落人”的相互抱怨打开话题。

出于同病相怜的同伴意识，对方会因为找到了可以说话的对象而感到安心，对话也可以顺利地继续下去。

超级金句

“周围都是不认识的人，挺不自在的呢。”

解围聊天案例 2

在路上遇到熟人打招呼，却想不起对方的名字

去银座工作的路上，迎面走过来一个身穿西装的男子，亲切地向我打招呼“啊，好久不见”。

看起来像是很久以前在工作场合见过一两次面的人。

可是，我却完全想不起来他是谁、姓什么、是哪家公司的。“最近生意还好吗？”虽然他很热情，但我却连他的名字都叫不出，只能敷衍着回答“嗯，还可以”。

那个人好像不赶时间，一直站着说话，也不着急离开。这种时候，该怎样让对话继续下去呢？

巧妙地套话，找出自己和对方的交集

首先，要假装淡定地掩饰自己“想不起名字”的焦虑，不能让对方发现。本来嘛，记不起名字这件事也是挺常见的。并且，要注意千万不能让这件事对双方的关系造成不好的影响。日语是一种即使省略主语也可以读得通的语言。说得极端一点，就算不叫对方的名字，也可以对话。

因此，应该回想起来的不是对方的名字，而是“彼此的交集”。这种时候，可以使用的固定句是“那之后，情况怎么样？”也就是“套话”。在这个案例中，双方存在工作上的交集的可能性比较高，所以，可以试探地问“那之后的工作进行得怎么样？”找出彼此之间的交集。“上个月一起做完方案后，并没有什么大动作呢。”像这样，对方会自然带出“那”的内容，也就是上次两人见面时的情况，这样就有助于回想起彼此的交集或对方的名字。

超级金句

“那之后的工作进行得怎么样？”

这招也管用 也可以直接问对方：“我们之前在哪里见过吗？”

解围聊天案例 3

在理发店的对话，对我来说是个负担

每个月我都会去一趟理发店剪头发。

只是，理发师特有的那种开朗的聊谈方式，我实在是对付不来。

关于发型的讨论不是问题，但是一旦聊到私人问题，我就不知道该怎么聊，几乎每次都接不出话。

“周末都做些什么事呢？”对于这样常见的问题，我也找不出合适的答案。当我给出“嗯，就是睡觉吧”或“几乎什么都不做……”这类无趣的答案后，彼此都开始陷入沉默。

在剪头发的一个小时里，差不多就是不断重复着这种对话，最后自己都开始讨厌自己。

我并不想被理发师当作是阴郁的顾客，其实内心也很

希望能消除距离感，开心地聊天来打发时间。可是，我显然做不到吧？

和理发师对话的秘诀在于“反问”

每天都要跟很多客人打交道的理发师可是“对话和交流的达人”。

难得有这样的达人在面前，还不赶紧好好利用这段时间？也就是说，让理发师成为“教你聊天的老师”。

而且，你还不如干脆向理发师讲明自己的弱点，“我这人比较怕生的”。然后，可以反问理发师：“和第一次接待的客人聊天不会紧张吗？”“跟初次见面的人聊天有没有什么诀窍？”等等。

这样，不仅可以利用理发的时间对话，还能学到与别人交流时可以用到的建议和方法，简直就是一箭双雕。

直接表明自己不擅长聊天，向聊天达人多多讨教。建议大家把理发店当成练习对话交流的好地方。

超级金句

“跟初次见面的人聊天，有没有什么诀窍？”

注意 除了理发师之外，你的身边还有许许多多的聊天达人哟。

解围聊天案例 4

在电梯里，如何愉快地聊天？

有一次，在自己住的公寓里坐电梯，遇到楼下的邻居也进了电梯。

我和对方只见过几面，但从没有说过话。我向她点头致意一下，可接着就是——

“你好。”

“你好。”

“……”

“……”

然后就陷入了沉默。和没有深度交流过的熟面孔在密闭的空间里沉默独处十几秒钟，实在是很不舒服。在乘电

梯的时候遇到这种情况真的很讨厌，请教教我解决的方法。

充分利用住在同一幢公寓这个共同话题

在公寓电梯这个“密室”里的十几秒钟，对于很多人来说都是相当难熬的一段时间吧。

基本方法就是“打招呼＋α”。在“你好”“今天好冷啊”之类的寒暄语之后，该说些什么呢？我比较建议大家跟邻居聊聊和住在同一幢公寓这个共通点相关的话题。比方说，贴在电梯里的“物业通知”。“明后天好像要断水呢，你做了准备吗？”“刚看见，看来得准备一些洗漱用水。”“我家也是。”只需做到这样的聊天就足够了。

另外，其他类似的有共同体验的话题也可以，比如，“今天早上，消防车的警铃真是响得厉害啊。”“听说好像是门口的马路又在施工了。”

突然相遇，简单地交谈几句，然后很快又分道扬镳。乘坐电梯的时间一般很短，所以也就不需要聊得太久。充其量就是十几秒的时间，正是聊天的合适长度。

超级金句

“今天早上，消防车的警铃真是响得厉害啊。”

解围聊天案例 5

一直学不会和的哥聊天

礼拜天去购物，买了太多东西，只好打的回家。那天遇到的的哥很爱聊天，“今天很热吧”“是刚购物回来吗”之类的说了一大通。可是，我是个不擅长跟陌生人聊天的人，只能费力地“嗯”“算是吧”应付着。

如果我跟他说“请不要跟我说话”，就不会有这个困扰了，但又觉得这样不好，所以没能说出口。

倒霉的是，我们还遇上了堵车，距离到家还要很长一段时间。

有没有跟的哥顺畅对话的诀窍呢？请教教我。

主动向的哥提问，找到谈资

坐出租车的时候，既然不能直接说“别跟我说话”，那就只能奉陪喽。

载过各种各样人的出租车，其实是一个谈资的宝库。就算只是陪的哥聊天，也可以主动发问，引得的哥爆料。

“东京的道路太复杂了，你们记得那么清楚，有没有什么诀窍？”或者“乘客里面会有一些奇特的人吧？”之类的都是不错的问题。关键就在于通过提问打开话头，让对方讲话这项基本技巧。

出租车有一个很大的特征就是两个人都朝前坐着，几乎不需要眼神交流。这样，就会产生一种“位置关系”的影响，不用相向对视的情况下，紧张感得到缓解，陌生人之间的对话也变得相对轻松起来。如果遇到一个爱聊天的的哥，不如告诉自己“机会来了！”积极尝试和的哥大聊特聊吧。

超级金句

“把东京的道路记得那么清楚，有没有什么诀窍？”

解围聊天案例 6

没内容的聊天太恐怖，无法随意地聊天

对于自己的业务谈话，我真的是很没自信。关于商品的情况，我可以清楚地介绍完，对方公司的信息也会事先做好功课，已经尽到自己最大的努力了。可是，除了商品介绍之外的闲聊，我完全做不到。

也想过要用时下的流行语来插科打诨一下，但对于平常以认真而获得认可的我来说，似乎不太适合这样的说话方式，总是被对方忽视。于是，我越来越害怕聊一些跟工作无关的事情，结果除了工作，我什么都不会聊。

今天，业务单位的领导说我“你说话有点拘谨啊”。果然，作为一个业务员，必须要说话有趣才行吧？

不一定要说话有趣！首先要做的是“称赞”

先从结论开始说起吧。结论就是，“并不一定要说一些有趣的事情”。聊天，为的是缓和气氛，拉近彼此的距离。只要能实现这种效果，并非一定要说“有趣的事情”。所以，是否有趣并不重要，重要的是能和对方聊得开心。

实现这一效果的捷径就是称赞。听到自己被你夸赞，对方就会感觉你对他（她）的印象不错。那么，称赞什么事情比较好呢？“今天的领带很时髦呢”或者“你的手表好帅气！”之类的着眼点都是可以的。也就是，称赞“眼前看到的东西”。至于对方是不是真的很时髦，这个一点儿都不重要。称赞对方，只是为了表达你的好感，称赞这个动作本身才是最重要的。在苦恼没有趣事可聊之前，还是先想想对方身上有什么可以称赞的地方吧。我想，这件事应该谁都可以做到吧。

超级金句

“今天的领带很时髦呢。”

解围聊天案例 7

想跟年轻同事拉近距离，但很快就没话聊了

我是一家制造商的业务主管，最近有一个很大的感受，就是现在的年轻同事都不够有活力，缺乏霸气。

我想跟年轻同事多交流一下，所以每天到公司后都尽量找机会跟他们聊天，可是，不管我问什么，得到的回答总是“嗯”“啊”“这样啊”之类的。几乎没有什么反应，简直就是白费力气。大概因为我是主管、年纪又比他们大一些的关系吧。

那些年轻人对待工作很认真，都是有理想的可造之材，所以我对他们也抱有很大的期待。有没有可以跟年轻部下轻松交谈的方法呢？

把年轻人的“没反应”看作是他们特有的“浅交往”

其实，现在的年轻人比我们想象中的更加认真，只是他们对待事物的反应没有那么强烈。这并不是“反应迟钝”或“无精打采”，只是“反应淡薄”而已。因此，首先应该善意地理解为“他们只是顾忌较多，对于人情世故比较淡薄的一类人而已”。

在年轻人的人际关系中，“淡交＝淡薄的人际往来”是主流。跟年纪相仿的朋友同事交往就是如此，更何况是比自己年纪大许多的长者。虽然是“敬而远之”，但也不会给人特别的疏远感。

对于年轻同事，可以尝试从这样的发问入手：“你们年轻人现在都在网上看些什么呢？”“现在微信好像比短信更流行啊？有什么不一样？”“能不能说点年轻人的事情给我听？”等等。一般来说，年轻人不会拒绝回答这类问题的，他们只是不习惯密切的深入交流而已。如果主动发问，成为倾听的角色，年轻人的反应虽然不会很强烈，但至少可以顺利地对话。

超级金句

“现在年轻人中间是不是很流行……？”

解围聊天案例 8

朋友老是说一些丧气话，怎样转换话题？

朋友 A 和我住得很近，平时也经常见面。但是，她有一个问题。不知为什么，她老是说这样的话：

“像我这样的人……”

“我不行的啦……”

“反正我是……”

在朋友中是出了名的“自我折磨型”妈妈。

因为她为人不坏，我也想继续跟她做朋友，但是希望可以少说一些破坏气氛的自我折磨的话。这种时候，该怎

么样说话才能转换话题、让气氛变好呢？

用“就是这样的人”这句话冷淡地搪塞过去

有些人常常说一些自我折磨的话、消极的话，其实很多时候，这单纯只是他们的性格和说话习惯而已。

所以，不用刻意地转换话题，只要直接用“就是这样的人啊”搪塞过去，这是一种成熟老练的应对策略。

而且，在这种情况下，可以继续安慰对方“没有的事”“我觉得你很厉害呢”等。重要的是，“不带感情的、千篇一律的冷淡语气”。

如果对方继续说一些自我折磨的话，你就继续跟着安慰。不过，没有必要接着对方的话给出真心的建议。“不会的不会的，没有的事啦”，只要继续冷淡地回应就好。可能对方也会察觉到自己讲的话没什么意思，从而收起话头。

超级金句

“不会的不会的，没有的事啦。”

解围聊天案例 9

去探望生病的同事，却不知如何开口①

跟我同一批进公司、私交也不错的一个同事最近患重病住院了。

在他顺利做完手术并且恢复得差不多、快要出院的时候，我觉得探病应该不会给他造成负担，便在他病后第一次去医院探望他。

可是，当我走进病房，看到他一脸憔悴，完全不是以前下班后一起去喝酒时的状态时，竟然一时说不出话来。

对方也有些犹豫，说了一句“呵呵，你看起来气色不错”

就陷入了沉默。

像这样探望病人的时候，说一些怎样的话比较合适呢？

聊聊生病的经过，共鸣好过安慰

像这个案例中，病人已经恢复得差不多、即将出院的情况下，可以和病人聊聊生病的经过。不过，还是要注意避开对病人面色憔悴的安慰比较好。

“看上去好多了，不过到底是怎么一回事？”“什么时候开始觉得病情严重了？”“吃了不少苦吧，我们也都很担心呢！”“在医院住得还习惯吗？”“这样啊，很快就能出院了，请好好养病吧！”像这样的问话，可以和病人的经历产生共鸣，是比较明智的做法。

超级金句

“看上去好多了，不过到底是怎么一回事？”

超级金句

“我们也都很担心呢！”

解围聊天案例 10

去探望生病的同事，却不知如何开口②

我的烦恼和前面那位差不多。

我是去探望因为生病在家休养的同事。她的气色不错，已经恢复得差不多了，估计很快就可以回归职场。

一起去探望的同事也都很开心，但她几乎不太提及有关生病的事。一问起生病的经过，她似乎不愿意提起，回答含糊不清。她平时是个开朗的人，本以为谈起生病的事也不会避讳，看来其中有不少隐情吧。

遇到这种对方不愿意提起病情的情况，该聊些什么样的话题比较合适呢？

说一些“你不在我们很吃力”之类的不得罪人的话

如果对方不愿意谈到生病的事，最好的方法就是聊一些和生病无关的共同话题。不需要特别的话题，和往常一样对话就行。

最合适的话题就是公司里的事情。“上礼拜，突然人事变动，企划部的人全部换掉了”“×× 部长因为经费开销太大被经理叫去谈话了”，像这样的公司内部事务或八卦，都是不会引起对方不快的话题。

另外，你也可以说说“大家都很没经验，你不在，我们部门很吃力呢”之类的话。这样，不但婉转地表达了“你是不可或缺的”的意思，对于同事而言，这也成为让自己早日康复的一种动力。

虽然是探望病人，但同事之间聊聊公司的事情也是再正常不过的。所以，可以像往常一样拿公司里的事情大聊特聊，然后用“康复后请尽快回归吧”这样的话结尾就好。

超级金句

“你不在，我们部门很吃力呢。”

解围聊天案例 11

在回家路上，偶遇从没说过话的邻居

这是下班回家路上发生的事情。

从车站走向公寓的途中，在十字路口遇到了住在同一幢楼里的主妇。

两人互道“你好”之后，对话一下子终止了。

说是住在同一幢楼里，其实也就是偶尔见面时点头问好的交情而已。即便心里想要说点什么，却发现没有共同话题。

可是，因此就快步走到前面故意错开，也不太好吧。结果，两个人默默地一起往家里走，没有任何交谈，想必彼此都感到尴尬吧。我心里想着说点什么，但都是徒劳。

走回公寓的10分钟里，感觉压抑得透不过气来。

不要把对方当作一个陌生的个人，而是当作“住在同一幢公寓的人”来交流

这个案例的关键是“住在同一幢公寓”这一点。因为住在同一幢楼里，互相聊得来的话题其实并不少——比如，扔垃圾的规定、物业管理员的事情、自行车停放处、贴出来的通知等，这些都是比较推荐的安全话题。另外，不只公寓的事情，地铁站的情况、周边的商店等当地的新消息也是不错的话题。

重要的是，不要把这种相处当作是“个人与个人”的相处，而应该是“集体中的两个人、共同体中的两个人”之间的对话。简单地说就是，两个人不是面对面地交流，而是在同一个集体中并肩排列地交流。

不过，由于不是“个人与个人”的聊天，所以不能涉及对方的家庭或隐私。或者说，没有必要谈及个人的话题。这样一来，彼此都会感到轻松许多吧。

超级金句

“你也觉得自行车停放处最好有个顶棚，是吧？”

解围聊天案例 12

如何结束保险推销员没完没了的介绍?

辞职后我开了一家小公司，最近，频频进出的人寿保险业务员阿姨让我感到很头疼。现在回想起来，她第一次上门的时候，我竟然听信了她的巧妙说辞，从此一发不可收拾，真是后悔不已。

于是，她每个月都会来一次，以劝说的名义开始发表她的长篇大论。关于保险的事情，她丢出一句“不用马上买也没关系，不过还是请你考虑考虑”，然后递过来一本宣传册，接着就开始滔滔不绝地聊天。

我这个人比较懦弱，说不出“可以了”这种话，结果她就一直说个没完。每次她来的时候就觉得特别痛苦。

要是能温和地打断她并且结束谈话就好了……

要敢于在对方正说到兴头上的时候插嘴

想要结束对方没完没了的说话时，最好的办法就是直截了当地说明“抱歉，我后面还有安排”。这种时候，没有一个人会对你说“还有时间嘛，再听我说一会儿”。而是只能回答“那就没办法啦”。

唯一的关键就是打断对方的时机。事实上，对方说得最高兴的时候，就是结束对话的好时机。可能你会觉得给对方浇冷水有点残忍，但如果在话题已经冷场的时候结束的话，对方会认为你是因为“觉得无聊才走人的”，这样的误会也很可怕。

在对方有说有笑，讲得正在兴头上的时候，你应该适当地表达自己的想法——“你讲得很有意思，真想再听一会儿，可惜我后面还有安排”“很遗憾，后面的事情请你下次务必——”如果能表现出遗憾的情绪，对方也会心满意足地结束对话。

超级金句

“不好意思，在兴头上打断你。很遗憾，我后面还有安排，后面的事情请你下次务必——”

注意 **明确说出“下一场约见几点开始”，能使对话结束得更容易。**

解围聊天案例 13

叔叔不管聊什么，都能扯到自己喜欢的事情上

跟我的叔叔说话真是一件头疼的事情。

他是巨人队的超级粉丝，巨人队获胜了他就心情大好，一旦输球了他就情绪低落。

就算是在打电话的时候，他也会说一些诸如“今年的 ×× 是最佳投手”“不管怎样，我们（指巨人队）都要收了那个高中生，绝对不能让给阪神队”之类的话，不知不觉间就把话题扯到了他喜欢的事情上。

要是我也喜欢棒球，那就没问题，可是，我是个足球爱好者，对于职业棒球实在是没有兴趣。

对于这样一个毫不在意别人想法，认为“全国人民都

是巨人粉”的叔叔，怎么才能跟他畅快地聊天呢？

先顺着对方接话随即转换话题，或者打定主意倾听到底

这是一个再清楚不过的事实，对于叔叔来说，巨人队是把对话推向高潮的必备谈资。首先，你要做好心理准备，适当地问一些关于巨人队的事情。

“巨人队的球员，你喜欢哪个？”“今年哪个投手最厉害？”先问一些类似的不会得罪人的事情，然后在适当的时机转换话题：“话说，去年的法事……”如果叔叔继续把话题扯回到巨人队上，你就继续调转话题。用“先顺接后转换话题”的方法，使对话往自己希望的方向继续。

不过，如果跟对方的关系是长久持续的，那么我建议你也可以在心里下定决心，“（既然你这么喜欢）那我就听你说吧”，然后一直忍耐着倾听对方的讲话。晚辈耐心地倾听长辈的长谈或啰唆，这也是社会伦理道德的一种。就把它当作是获得未知领域的谈资的机会，奉陪到底吧。这也是一种宝贵的社会经验。

超级金句

“巨人队的球员，你喜欢哪个？”

解围聊天案例 14

在道口等红灯时，偶遇面熟的人

在本地有名的“一直关着的道口”等待通行的时候，偶然碰到了一个面熟的主妇。

“啊，出来买东西吧？”

“嗯，××你这是？”

“我也是出来买东西。”

“这样哦。”

在这种基本的寒暄后，对话无法继续，彼此都陷入了沉默。

一般遇到道口关闭，常常要等上 5 分钟，在这等待的

时间里，真是倍受煎熬。

这种时候，应该聊些什么好呢？

把“被道口的红灯拦住”这个一起遇到的情况当作谈资

这种情况下，对方其实也跟你一样，会在心里暗叫“真是没辙”。

换句话说，眼前令人头疼的状况正是双方之间极好的共同话题。如果不把它当作聊天的谈资，就是浪费。

“这个道口，只要我一走近就开始鸣笛，真是讨厌啊”“赶紧改造成地下通道吧”“要说‘一直关着的道口’，听说真的有道口每小时只有三分钟是开着的”“上次我刚好坐电车经过这个道口，结果被行人白眼白得很惨啊”，这类话题都能发挥不错的效果。“真是没辙”这种共同的心情让彼此之间产生了共鸣。所以，这种“糟糕”的偶遇其实正是聊天的好时机。

超级金句

“这个道口，只要我一走近就开始鸣笛呢。”

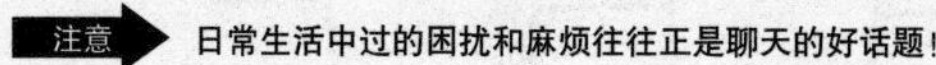

日常生活中过的困扰和麻烦往往正是聊天的好话题！

解围聊天案例 15

人多的时候聊得很开心，两个人的时候就沉默了

我最喜欢在放学回家的路上拐进快餐店，跟朋友们围在一起聊天。一般每次都有四五个人，男朋友的事情、打工的抱怨，热热闹闹地聊一些杂七杂八的事情。

可是，有时候有人要上补习班或是去打工，偶尔也会有聚不起人的情况。

很多人聚在一起的时候可以聊得很开心，但当别人一个个走开、只剩下两个人的时候，对话突然变得无法继续。大家在一起热烈聊天的情况仿佛是一种幻觉，两个人的时候，就只能默默地玩手机。虽然想要早点溜之大吉，但那样也会比较尴尬吧。

这种时候，该怎么办呢？

抛开“必须一直说话”的强迫观念

一种好的说话节奏是与“人数”成比例的。就是说，人多的时候说话的节奏就要加快，人少的时候则要减慢说话的速度。当人数变少的时候，很重要的一点就是要抛开“必须继续保持那样的谈话”的强迫观念。在人多的情况下，20 秒的沉默时间算是比较长的，但如果是在两个人的情况下，这种短暂的停顿算不上是真正的沉默。

当说话的人说从多人减少到两人，对话的节奏也相应减慢时，比较有用的句子是“刚才说得有点多啦”。接着，可以转换话题，说一些譬如“话说……”“× × 你今天也很起劲呢”之类的话。两人之间的对话能达到这样的效果就没什么问题。

在两人独处时，有一种行为是绝对不能做的，那就是默默地玩手机。这种行为会给对方一种“待在这里很无聊”的拒绝感。

> **超级金句**
>
> “刚才说得有点多啦。”

解围聊天案例 16

如何与喜欢吹嘘的同事聊天？

公司里，隔壁桌的同事 A 小姐，是个逢人就喜欢聊自己的事情的人，典型的“大嘴婆”。

她为人并不坏，可是一开口就滔滔不绝地讲自己的事情，而且绝大多数还都是吹嘘的话。

“上个周末，男朋友带我去夏威夷玩了”“我男朋友是东大毕业的，在 ××（一流企业）上班哦”“人家明明已经有男朋友了，还要被别的男人搭讪，好讨厌哦”。几乎每天都在不断重复这样的话。

我也想尽可能地不要跟她打交道，可是现在部门里只有我和她两个女性，没办法无视她的存在。有没有什么办

法可以让我跟她好好地聊天呢?

简单的回答就 OK，采用“节能对策”敷衍一下话题

跟对付那些喜欢自我折磨的人的方法相同，对付喜欢吹嘘的人也十分有效的一招就是“敷衍的、千篇一律的鹦鹉学舌”。对方说的都是自己听过无数次的内容，所以自己的回答也可以相同。“东大？好厉害哦”“夏威夷？好棒啊”，像这样，只需要把对方说的内容鹦鹉学舌一番就行。

或者，用“这样啊，好厉害哦”“啊，真了不起”这样的句子淡淡地回应一下就好。“不管怎样，我会听你说的哦”，先给出这样的信号，然后任由对方说的话左耳进右耳出就可以了。

喜欢一再吹嘘的人简直就跟醉汉差不多。如果你为此花费过多注意力，浪费了自己的时间和精力，完全就是浪费。所以，对待这种人，建议大家采用省心省力的“节能对策”。

超级金句

“夏威夷？好棒啊！”“这样啊，好厉害哦！”

注意 记得考虑到和对方的相处关系，还是不要说出“上次已经听你说过了”这样的话比较好。

解围聊天案例 17

跟亲友的熟人聊些什么好?

在等公交车的时候，忽然发现身边站着的是住在同一个小区的同龄人。

我们两人的妻子关系不错，经常来往，可是我们两个大男人几乎没有机会见面。

彼此没有说过话，只是有点面熟，甚至不知道对方是什么职业的。所以，即使偶尔打个照面，也不知道该聊些什么。

“你好。”

“你好啊。”

最基本的寒暄之后，对话即告终止。距离公交车到站

还有 5 分钟，这段时间该怎么打发呢？

寒暄 +“看到的东西”是不错的内容

聊天是由“打招呼 + α”的结构组成的。“你好”这样的寒暄很简单，让人头疼的是后面加上去的这个 α 要选择什么样的内容。这时，建议大家先把周围打量一圈。你看到了些什么？比如，试着聊聊新开的居酒屋：“那边新开的居酒屋，你去过了吗？”如果对方回答“上周去了一下，环境挺安静的，还不错”，那就再好不过了。

如果周围有建筑工地，就可以说“不知道什么时候完工呢”，如果看到路肩上停着一辆大摩托车，就可以说“这部摩托车还真是大啊”，如果对方手上拿着一部智能手机，则可以说“这个是 ×× 牌的最新机型吧？”等等。如果为了聊天的内容发愁，建议大家先观察一下周围。因为，我们身边随处都是可供聊天的谈资。

超级金句

“那边新开的居酒屋，你去过了吗？”

这招也管用 称赞对方的领带或手表等身上的小物件，也有不错的效果。

解围聊天案例 18

跟天天见面的物业管理员怎么聊天?

现在我住的楼里的物业管理员是一个喜欢聊天的大妈。

每天早上我去倒垃圾的时候，她都会抓住我聊天，可是天天见面之后，终于把能聊的都聊完了，除了“早啊”的寒暄之外，再也无话可聊。

这样的气氛让人觉得很尴尬，所以，我要么是扔完垃圾快步回去，要么就瞅准了阿姨不在的时候，悄悄地扔完垃圾走人。每天都在想办法避免偶遇。

可是，每天这样精神也太紧张了吧。

对于公寓本身，我还是挺满意的。所以，希望能和管

理员保持良好关系。这种情况下，该怎样聊天呢？

用“提问”来回应对方的话题

聊天的过程中，不是主动提出话题，而是“让对方掌握主导权”，也就是由对方来抛出话题，这样比较容易聊得热烈一些。为此，最有效的方法就是用“提问”来回应对方的话题。举个例子：

“我家儿子上高三了，今年就要参加高考了呢。”

当对方抛出这样的话题时，除了“这样啊”“很辛苦吧”这类话，还可以使用引出对方回答的反问句：

“你儿子读文科还是理科？”

然后，话题就可以继续下去：

“像我呀，数学不太好，所以读的是文科。”

接着，可以进一步提出诸如“那应该挺喜欢看书的吧？”之类的问题。

其实，提问是最厉害的聊天技巧。只需向对方的话题提问，就可以顺利地开展聊天，所以你无需主动选择话题。

> **超级金句**
>
> “那应该挺喜欢……吧？”

解围聊天案例 19

没有熟人的婚礼答谢宴上，怎么都聊不起来

大学时代的好友邀请我参加他的婚宴。自从大学毕业以后，大家都在忙工作，很少有机会出来吃饭喝酒，本以为只是邀请我去答谢宴，没想到收到了婚礼仪式和答谢宴两份邀请。

婚礼的仪式充满着幸福，答谢宴的气氛也很开心热闹，可是，在场的熟人比我预计的少得多，而且坐在了他的同事那一桌。当然，我跟他们素不相识，自然也就不知道聊些什么好。

一开始，有助兴节目和见面寒暄的时候倒也还好，可是到了“大家尽情畅谈”的时候，就生出一种强烈的孤立感。

要跟陌生人热烈交谈是件很困难的事吧。唉，结果只

能一直闷头喝酒……

表明自己和新郎的关系，围绕着新郎的事聊天

安排座位的新郎新娘，对于每一桌上的气氛还是比较在意的。大家和乐融融、聊得很开心，是对新人的一种安慰，也是一种必要的成人礼仪。

不管怎样，先从自我介绍开始。对方在知道了你和新郎的关系之后，很有可能会问一句“大学时代的他是个怎么样的人？”这时，你就可以反问“当年是个不爱说话的人，没想到现在做起了业务员，不知道干得如何？”用当天的主角做话题，对话的展开就会变得简单容易。

此外，主动邀请同桌的其他人“要不要去给新郎敬酒？”一起离席活动，也是比较有用的招数。新郎可能会互相介绍：“这是我大学时代以来多年的好朋友田中，当年一起打网球的。”“他是我公司里的同事，打起网球来可是专业级别的，下次可以向他讨教喽。”带出一些有助于聊天进一步展开的话题，让大家熟络起来。

超级金句

“大学时代的他是个怎么样的人？”

解围聊天案例 20

怎样回应喜欢探问隐私的人？

在超市采购晚饭食材的时候，偶然碰到了住在我家楼上的太太。

她这个人，说得好听点是好奇心比较旺盛，说得难听点就是个喜欢打听隐私、让人不想深交的麻烦角色。当时我的第一反应就是“糟了”，果然，她看着我篮子里的东西，问道：“晚上要做手卷寿司吗？是不是有什么庆祝的事情啊，是你先生高升了吗？”“哇，牛排，好奢侈哦！”“难得看到你买小菜，今天先生要晚点回来吗？”像这样，总是说一些让人头疼的话。可是，考虑到邻里关系，又不能对她太冷

淡。有没有什么办法可以岔开这些让人头疼的话题呢？

用同样的问题予以回击，让对方的好奇心无路可走

的确，身边常常会有这种大喇喇的人。遇到这种人的时候，虽然心里觉得很讨厌，但是像你说的那样，也不能直接说出“不关你的事”“我一定要回答你吗？”这种有损人际关系的话。

这种情况下，可以使用“提问反击”这种聊天的基本法则，以其人之道还治其人之身。

对于“要煎牛排吗？”这样的问话，你可以回答“嗯，是呢，你们家今天吃什么？”这样，既回答了问题，也用问题做了回击。如果对方回答“我们家打算做……”你只需回答“这个也不错，我们家下次也试试”。如果对方刨根问底地打听一些学历、收入方面的事情，你也可以用“嗯，还行吧。那你们家呢？”这样的提问方式予以回击。让对方的好奇心指向的矛头原路返回，使对方无路可走，这样就能解除自己的困境。

超级金句

“嗯，是呢，你们家今天吃什么？”

解围聊天案例 21

遇到状况的时候，如何缓和焦躁的气氛？

早上，像往常一样坐电车上班。可是，好像前方发生了事故，电车突然停车不动了。

本身就是早高峰时段，车厢里自然是人挤人。本来就已经非常拥挤了，还要被关在里面不动，大家的情绪都开始焦躁起来。

“正在进行安全确认”，广播里不断播放着这样的通知，不知不觉已经过去了 2 个小时。也不知道电车什么时候会再次启动。

我这个人平时就比较在意周围的气氛，遇到这种情况

的时候，对于周围紧张的气氛简直无法忍受。我很想缓和一下气氛，应该说一些什么样的话好呢？

被卷入同一桩麻烦的人往往比较容易拉近距离

当很多人同时被卷入一桩麻烦的情况下，恰好也是跟周围的某个人聊天的机会。

因为，此时彼此心里的“真头疼啊”这个共同想法容易促生集体意识，开口交谈就会变得简单。

我曾经也有过类似的经历。在一辆中途停车的电车上，和身边一个素不相识的老年男子相谈甚欢，瞬间拉近了彼此的距离。

被关在同一辆电车里，其实也算是一期一会的缘分。同时也算是作为一种聊天练习，出于缓和气氛的目的，试着跟眼前的“难兄难弟”打个招呼如何？

“真是无语了，最近好像到处都在发生事故，不是吗？”“也不用赶在早高峰的时候发生事故吧”。在遇到故障的电车里，我想再也没有比这些更合适的话题了。

超级金句

“真是无语了，最近好像到处都在发生事故，不是吗？”

解围聊天案例 22

聊天的时候，如何避免性骚扰的嫌疑？

由于人事变动，业务部里来了一个新入职的女孩子，她的年纪比我几乎要小两轮。从人事部那里听说，她的入职考试成绩很优秀，是大家都非常看好的女业务员。

由于她是我的直属部下，所以在指导工作的时候有不少接触。然而，一直谈工作上的事情，会让气氛太过紧张，可当我想要说一些轻松的话题时，却发现不知道说什么样的话题比较合适。

作为一家总部在美国的外企，我们公司对于职场性骚

扰的管理十分严格，一旦顾忌到这一点，就觉得愈加没有话题可聊了……

根据聊天对象来判断某个话题是否安全

判断话题是不是性骚扰的基准是“对方是否认为‘这是性骚扰’”。所以，根据对象来选择安全的话题变得尤为重要。

关键的点在于安全话题的选择方法。我的建议是，用“要是被当成性骚扰就不好了——”这句话做开场白。这句话是一张测试对方反应的“酸碱试纸”。“要是被当成性骚扰就不好了，所以我也不好细问，一般你都去哪种店小酌？”试试用这样的句式发问，如果对方回答的语气没有什么反常，那就说明没问题；如果对方含糊其辞，就说明这个问题不合适。由此可以掌握对方的性骚扰判断底线。这样一来，对于那些对性骚扰比较敏感的对象，就选择不会超越底线的话题，这是退而求其次的方法。“这类话题可以聊吗？”像这样开门见山地问清楚也是一种途径。

超级金句

“这类话题可以聊吗？”

解围聊天案例 23

怎样巧妙地打断客户的性骚扰谈话？

我现在正在负责的客户主管是一个漫画里常见的那种“过时老头”。

感觉性骚扰和隐私这种词在他的人生中完全不存在似的。

他那种详细探问隐私的“老头式聊天”总是让我烦不胜烦。前两天就问我：“长假跟谁一起过啊，打算怎么过？”“今天比平时更漂亮呢，是要去约会吗？”

这种程度的问话要是在欧美国家可以立马提起“性骚扰”的诉讼，可是他自己完全没有意识到这些话已经触及

到了性骚扰的底线，这让我感到非常生气。

对于这样的性骚扰，有没有好的打断方法呢？

不要透露会让对方紧追不舍的信息

跟那些不认为自己是在性骚扰的人对话，最基本的准则就是“不透露信息”。一旦透露了信息，对方可能会一直追问“你跟男朋友最近怎么样？”“上礼拜是在哪里约会的？”之类的问题。所以，聪明的做法是：敷衍。如果对方问你：“要去约会吗？”你就回答：“没有没有，不是的。”如果对方问你：“周末跟谁一起过啊，打算怎么过？”你就回答：“还没定呢。”“还在考虑中。”这样，既算是做了回应，又没有给出真正的回答。

被骚扰时的怒气可以理解，不过也不要太过放在心上，把他当作缠人的宠物狗，适当地回避就行。

超级金句

“没有没有，不是的。”

超级金句

“还没定呢。”“还在考虑中。”

这招也管用

具体情况视对方而定。如果你的话题能让对话愉快地展开，那么透露一些信息也不要紧。

解围聊天案例 24

在健身房里，如何轻松地聊天？

我长期在附近的健身房锻炼。

小地方的健身房里，在某个时间段来健身的人几乎是固定的一群，彼此之间的关系也就是“总是在健身房遇到的人”这样。

虽然训练的时候不会聊天，但是到了一起泡按摩浴缸的时候，大家都聊得很开心。

可是，我的情况有点特殊。训练的时候完全没问题，一旦到了聊天的时候就陷入了困窘。常常不加入任何对话，而是说一句“我先撤了”就逃也似地离开。

我也想悠闲地泡个澡，可是无奈口才太差，无法在群体中放松自己。每次在按摩浴缸里泡澡的时候都会在心里默默祈祷：“拜托了，谁都不要进来。”

不管跟谁都能聊的万能话题——时事新闻

治愈疲惫的公共浴池是人们能够卸下心防无所不谈的交流场所。这么多人共处在一个地方，要找到共同话题或许也有点困难。

这种情况下，谈论时事新闻十分管用。谈谈最近报纸上沸沸扬扬的新闻，就算是跟陌生人对话也不会觉得尴尬，是同时面对多人时也能使用的万能话题。

“昨晚日本队的比赛看了吗？”“听说 ×× 最近转会了”“×× 再加把劲就是今年的大奖赛女王了，好可惜啊”，像这类关于体育界、娱乐圈的新闻，在健身房里特别容易聊起来，是十分合适的话题。

为此，平时有空的时候最好多扫一眼新闻或报纸，事先做好准备哦。

超级金句

“昨晚日本队的比赛看了吗？”

解围聊天案例 25

当对方传八卦和讲坏话时，如何转换话题？

这周末又要开妈妈午餐会了。大家在一起聚餐聊天其实挺开心的，可是有一点让我很反感，就是有很多妈妈都“喜欢讲坏话和传八卦”。

“××总是装作什么都了解的样子。”

“其实啊，A跟隔壁的B家老公有一腿呢，你们知道不？”

一旦有人开始提起这样的话头，其他人都会被带着走。聊天的中心话题变成了讲坏话和传八卦。

我本人很讨厌聊八卦，但也不能出面阻止“你们别说了”，因为一来会让场面变僵，二来我也不想被她们在背后说“装

什么好学生”。有没有什么办法可以转换一下话题呢？

把讲坏话的攻击对象从身边的人转移到艺人身上

身边的人的八卦聊起来的确特别起劲，不过在背后这样议论别人总不是什么光彩的事。

当聊天的话题变成讲别人的坏话时，有一招可以对付，那就是把议论的对象改换成艺人或其他名人。

“听说那个太太暗地里在跟别的男人偷情呢，好恶心哦。”一旦聊天中出现这样的内容，你可以立刻接上这样的话：“是啊是啊，说到偷情，最近好像出了一本书，专门揭露女明星 ×× 的情史呢。”“那个人长得真有那么漂亮吗？”“果然那个艺人看女人的眼光不准呀。”像这样，就把议论的对象从“那个太太”转换到了“女明星 ××”。比起议论身边的人，说一些明星的坏话，罪恶感会减轻许多。

另外，如果能把说坏话扭转成称赞，那简直就是完美了。比如，“我比较喜欢 ××，对了，×× 最近广告代言的某化妆品公司的美容液真的很好用呢。”

超级金句

“说到偷情，女明星 ×× 最近……”

解围聊天案例 26

因为嘴笨而交不到朋友，怎么办？

初中毕业后，我没有上本地的高中，而是进入了邻市的高中。

从小学到初中，身边的同学都是一起长大的好朋友，一起上学很开心，可是现在上了高中之后，周围的情况发生了很大的变化。

当地的学生就不用说了，班里还聚集了很多来自不同地方的学生。可是，从我就读的初中升上来的就只有我一个人，身边没有一个认识的朋友。

最近，班上已经慢慢地开始形成小团体了。

我也想加入别人的小圈子，可是由于嘴笨，不知道该怎么加入他们的聊天。我很担心自己接下来的高中生活。

寻找在你和周围人之间做中介的关键人物

观察一下你周围的同学。然后，从中找出一个每个小团体都会有的“热情开朗、擅长跟人打交道的人”，先从跟这个人交朋友开始。

接着，让这个人担任你的“交朋友中介”，通过这个人和周围的其他人建立关系。

跟谁都能打成一片的人，应该也很快就能跟你成为朋友。由于对方是擅长交际的角色，所以你只需要简单地自我介绍一句“我是 ×× 中学毕业的○○”就可以了。

不管怎样，不要太在意团体这回事。因为你还要经历换班，而且三年后又要面临毕业。学校班级里形成的小团体只是短时间内的事情，时间久了就会解散。不必急着跟所有人都成为朋友，慢慢地一个一个地构建自己的朋友圈就好。

超级金句

“我是 ×× 中学毕业的○○，你是哪个中学毕业的？”

这招也管用 **也可以找那些“身边没有一个老同学”的同病相怜的人，和他们交朋友。**

解围聊天案例 27

和沉默的熟人长时间相处时，如何寻找话题？

我所住的地区每年都会举办市内的地区对抗运动会。今年，我参加了运动会的运营，和另一个几乎没有交谈过的太太一起担任得分统计的工作。

说是统计，大多数时间只要坐在统计员的座位上观看比赛就行，是一项比较轻松的工作。

可是，和我一起担任计分工作的太太却是个沉默寡言的人，几乎完全不跟我说话。我们只是彼此面熟并知道姓名的交情，也实在是没有什么可以聊的。操场上，大人小孩们一片喧闹，只有我的身边一片死寂。有没有办法改变一下这样的气氛呢？

不要问可以一句话回答的问题，而是要问有两句以上回答的问题

要对付那种问十句答一句的人，可得在说话方式和提问方式上下点功夫。关键就在于，不能提出那种一问一答就能结束的问题。

假设你问对方“这次长假打算出去玩吧？”对方只需回答“是的（不是）”就能结束对话。

可是，如果你把提问改成“这次长假有打算去哪里玩吗？”对方除了回答是否出去玩的问题之外，还会讲一下诸如“打算全家一起去迪士尼乐园玩”之类的行程计划。一问一答变成了一问两答。

一旦引出了“第二句回答”，你的机会就来了。只要根据第二句回答的内容进行追问就行。“真不错，也会去迪士尼海洋乐园吧？”“最新的游玩项目是什么来着？”提出这样的追问后，对方就会进一步详细回答，这样一来二去，对话就开始顺利运转了。

超级金句

“这次长假有打算去哪里玩吗？”

解围聊天案例 28

一被人夸就害羞，不能放松地聊天

我是个自由职业者。或许是由于天生性格比较认真，在打工的地方，时常会被主管或正式职工夸奖“你做事很认真呢”“正式职工都要向你学习呀”之类的。

不用说，我心里当然很高兴，可是，我一被人夸就会害羞，除了说“谢谢”“哪里哪里”就再也答不出更好的话。

如果是工作上的事情，我可以一五一十流利地说出来，可是，一遇到这种日常的“自由对话”，我就十分头疼。

本来是个难得的扩展人际关系的机会，被这样浪费掉，实在是可惜。

毫不客气地接受称赞，继续推进聊天

虽说害羞的心情可以理解，但是如果不能坦率地接受对方的称赞，未免太过浪费。聊天的王道就是称赞对方。因为，称赞的话不仅代表着对方对你的评价，也是对方表达好感的一种形式。你说得没错，这是一个扩展人际关系的好机会呢。

得到对方的称赞，首先要回答“谢谢您”，然后再说“我的确想了点办法，听您这么说，我就有信心了”。把自己的喜悦和感谢之情表达出来，效果会更好。

随着聊天的继续推进，对方会问“想了什么办法？”这时候你就可以说明一下。这样，更进一步的交流机会也会由此产生。

有时候，谦逊并非美德。面对别人的称赞，不要做出“不，不”“没有的事”这样的否定回答，而是应该坦率地表达自己的喜悦。学会应对称赞，就学会了聊天，就是掌握了构筑人际关系的重要武器。

超级金句

“谢谢您！这样我就有信心了！”

解围聊天案例 29

一起学习的人都不喜欢说话，如何找话题？

出于兴趣爱好，我每周都会去一次料理教室。不过，最近我发现了一件事情。

那就是，当坐在一起吃自己做好的料理时，不知为什么大家都不说一句话。

“想要练一手做菜的手艺”“想吃到好吃的食物”，本来大家都是抱着同样的目的聚集到一起的，要是能聊一聊该有多好。

一起做料理的时候，倒没有这么安静，可是一旦围坐在饭桌旁，大家就只顾闷头吃饭了。

我想活跃一下饭桌上的气氛，想要找点话题聊聊，可

是一下子又想不出有什么事情可聊。这种时候，有什么比较合适的话题吗？

和大家共同的“第一次”是对话开始的契机

来上料理课的每一个学员都拥有一个明确的共通点，那就是“想要练一手做菜的手艺”。所以，聊天的切入点最好也要从这一点上寻找。

回想一下，有没有什么是今天头一次使用的食材、调味料或烹饪工具呢？像这类的“第一次”共同体验是极好的聊天话题。“今天用的这种香料，你知道是什么吗？”“巴黎车轮泡芙这种甜点，我还是第一次听说呢！”“我还是第一次用可可豆来做巧克力，没想到效果很不错呢！”可以借由这样的内容拉开话头。

另外，像是“上次在家里做了 ××，得到了老公的称赞呢”“做成 ×× 之后，本来不喜欢吃〇〇的女儿竟然说很好吃”这样的学习反馈和感受，也是大家共同经验的一种。

饭桌上的对话在很大程度上影响着食物的味道。聊天可是料理中不可或缺的调味料呢。

超级金句

“今天用的〇〇你知道是什么吗？”

解围聊天案例 30

婴儿在车上大哭不止，如何和婴儿的妈妈聊天？

某天，我坐电车去买东西。

中途，上来一个抱着婴儿的年轻妈妈，坐在了我旁边。没过多久，那个婴儿开始哇哇大哭起来。

年轻妈妈一个劲地向周围的乘客道歉，说着“抱歉，对不起”，一边用尽办法哄着小孩，可是，小孩一直没有停住哭闹。

倒霉的是，这趟车是特快，停车的站数很少，距离下

一站停车大约还有 10 分钟时间。

虽然没有人发怒，觉得小孩“太吵了”，但那个妈妈还是一副坐立不安的样子，十分可怜。我想跟她聊两句，但又不知道该说些什么好。

带孩子的妈妈是最合适的聊天对象之一

这种时候，正是发动聊天的好机会。请一定主动开口。

因为，“用来练习聊天能力的对象”里面，我必须大力推荐的就是“抱小孩的妈妈”。

如果我遇到你说的那种情况，肯定会跟他们聊起来。

一开始，可以先冲着小孩子说话“噢噢，哭得很大声呢。是有点累了吧？”然后，再向孩子的妈妈抛出话头：“很辛苦吧，孩子多大了？”

到达各自的目的地后，彼此会先后下车，对话就能快速结束。这种情况对于聊天练习来说也十分合适。

既能缓和气氛，又能安慰人心，另外，还是练习聊天的机会。在这种情况下，没有理由不开口不是吗？

超级金句

“哭得很大声呢。是有点累了吧？”

解围聊天案例 31

和朋友的老公独处时，总觉得有点尴尬

周末，应邀去学生时代以来一直很要好的朋友家里做客。

刚好，她的老公也在家，于是三个人一起喝茶聊天，度过了一个愉快的下午。

到了傍晚，我打算起身告辞，被同学劝留道："你别走，我正要做晚饭，咱们一起吃个饭嘛。"因为大家难得见面聚聚，于是我没有再推辞。

同学去厨房忙着准备晚饭，留下她的老公和我两个人

在客厅里后，不再有人说话，一下子陷入了沉默。或许是因为没有单独聊过天，跟她老公面对面独处的时候，我感到非常尴尬。

遇到这种场合，应该聊些什么呢?

把最厉害的话题提供工具——“电视”拉进来

聊天中屡试不爽的话题就是双方的共通点。不过，在这个场合里，还是不要把太太（也就是你的朋友）当作话题来谈论比较安全。因为，你说的话很有可能通过朋友老公之口传到她的耳朵里。话传来传去总是容易传出误解来。没有恶意的玩笑话或是轻微的牢骚，都有可能在事后给你和朋友的关系带来负面影响。

话虽如此,跟朋友老公同处一室的尴尬也完全可以理解。这时，最给力的战友就是电视。因为你们是坐在客厅里，所以可以先请主人打开电视机，然后，把电视里正在播放的节目或表演的艺人当作话题就可以，并不需要认真地看电视。这种场合下的聊天话题，会从电视中源源不断地冒出来。

超级金句

“可以打开电视吗？”

解围聊天案例 32

丈夫是典型的沉默人士，夫妻之间应该怎么聊天？

时间过得好快，转眼已经结婚 15 年了。

因为没有孩子，所以家里必定就只有丈夫和我两个人。

丈夫是个典型的沉默寡言的人，两个人一起吃饭的时候，就算我主动聊天，他也不做任何回应。

偶尔出去吃饭的时候也是一样。因为他一直都是这样，我也已经习惯了，可是看到周围的夫妇、情侣都有说有笑的，我的心里实在是羡慕不已。

并不需要聊得爆笑或热火朝天，我只想要夫妻间的正常聊天，应该聊些什么话题好呢？

直接要求对方“希望你至少给个回应”

夫妻之间的特殊关系使得两人相处时就算沉默也不会尴尬。如果两人在吃饭时陷入沉默，也是常有的事，并不会被当作是在冷战。

或许，你丈夫是一个“对话的防备范围”比较狭窄的人。如果是这样，可以选择电视上的话题。一边看电视，一边讨论电视上的人物、东西或新闻。“这个艺人最近老是看到呢”“好像明天要下大雨呢”，像这类没有实际意义的对话反而是老夫老妻之间的真正意义所在。

此外，还可以试着关注丈夫有兴趣的事物。比如说，假设他有某种爱好，你也可以试着学习，然后跟他一起做，让这项爱好变成两人的共同话题。

如果这些都行不通，那干脆直接了当地向丈夫提出要求：“就算你不感兴趣，至少回答个‘真的假的啊’‘怎么可能’之类的也好啊。”因为你们是夫妻，这种程度的话直接说出口，也完全没有问题。

超级金句

“至少回答个‘真的假的啊’‘怎么可能’之类的也好啊。”

解围聊天案例 33

和一群上班族妈妈聊天时，全职主妇完全插不上嘴

在儿子上的那所小学，每年都会安排几次家长参观日。我自己是一个全职主妇，可是班上其他学生的妈妈有不少都是有工作的。

不过，到了家长参观日这一天，那些有工作的妈妈也会特地请假，来学校看看自己孩子上课时的样子。

等到上课观摩结束后，妈妈们转移阵地，聚在咖啡馆里聊天，这已经成了惯例。

对于我来说，这种聊天真是一种煎熬。有工作的妈妈和我这个全职主妇之间几乎没有共同话题。工作上的事情，

我一窍不通，想找点替代的话题，又想不出说什么好。但也不敢因此就一个人默默退出，提前回家。于是，插不上话的我感觉被孤立了……

抱着了解未知世界的心态提问，把好奇心当作武器

首先，不要因为自己听不懂别人的对话而感到愤慨，而是应该抱有积极的态度，想着“这些人了解很多我所不知道的世界呢”。

然后，不要因为没有兴趣就反感，不要因为与自己无关就拒绝加入，也不要因为不懂就觉得低人一等，而是要向别人请教，自己所不了解的那个世界到底是怎么一回事。

你可以试着扮演电视节目里的记者，问问那些妈妈关于工作逸闻、家务、育儿的诀窍等事情。或许可以得到类似工作日早晨的快捷食谱之类的对你有用的信息。

这时，你可别忘了加上几句称赞的话：“能一边带孩子一边工作真的很厉害呢！”“总是这样有活力，好年轻哦！”

超级金句

“能一边带孩子一边工作，真的很厉害呢！有没有什么窍门呢？”

解围聊天案例 34

带着孩子出去玩，怎样才能融入小集体？

儿子已经一周岁了，开始蹒跚学步。这种时候，作为妈妈最在意的就是在“公园里的首次亮相”。

我很想和其他妈妈交换育儿经验，加深交流，可是，我是人所公认的内向性格，不爱说话。所以，现在就开始担心起来，我能融入到前辈妈妈们的圈子里吗？甚至说，我敢不敢主动跟她们说话？一想到这些，我就非常地不安。

前几天，我还在网上看到过这样的消息，说“公园里已经出现妈妈团，新人初来乍到就算主动搭话也会被无视”，

于是，心情越加沉重起来。比起孩子的事，我更担心的是自己能否和公园里的妈妈们打成一片。

用孩子打开话题，先和其中的某一个人搞好关系

当你想要加入一个已经成形的圈子时，关键在于，不要一开始就急于就和所有人搞好关系。首先，要从圈子里找出一个关键人物，使之成为连接你和圈子的中介。然后，再利用和这个人的关系，一点一点地融进圈子。

关键人物的选择，以“热心开朗的大龄妈妈”为宜。这类人往往有较高的威望，常常是圈子里的权威人士。

妈妈们是因为孩子的关系才聚到一起的，所以，最初的助力“工具”当然就是孩子。先让孩子在公园里和其他小朋友一起玩耍，有了这层关系之后，就可以自然地跟孩子妈妈打招呼和自我介绍。然后，随性地聊几句“谢谢你家小朋友和我家孩子一起玩，小朋友多大了？”之类的话，这样就能自然顺畅地聊下去了。

超级金句

“谢谢你家小朋友和我家孩子一起玩。”

这招也管用 **在聚会的时候提前来到公园，和第一个到来的妈妈打招呼聊天。**

解围聊天案例 35

回家路上碰到一起上课的人，却找不到话题可聊

我在文化教室学习陶艺。前几天的回家路上，在车站里遇到了一起上课的女士，上了同一辆车。

虽说在课堂上见过她，但几乎就是完全陌生的。我问她："你到哪一站下车？"她回答说："到○○站。"原来，我们回家是同一个方向的，但对话也就到此为止了。

两个人再也没有交谈，对方好像也是个不善交际的人，但也不至于一言不发吧——我尴尬地这样想。

以后也很有可能会在车上碰到，一想到这件事我就觉得郁闷。

找到一个切入点，然后发散话题

在这个案例里，可以抓到的最初级的切入点就是“你在哪一站下车？”“到○○站。”可以尝试从这样的对话开始展开聊天。“去○○要在新宿换乘吧？新宿还真是购物天堂呢”“说到○○，最近开了一家 ×× 店呢，有去看过了吗？”之类都可以聊，实际上，从○○聊到 ××，引出话题的作用是最重要的。

这样一来，○○和 ×× 这两方面的话题都可以展开。通过一个关键词带出其他的内容，就能使话题不断地扩展。

举个例子，“×× 店的新宿分店在办陶艺展销呢”“那边的餐饮街不能小看呢，好像开了一家有名的酒吧”“很快就是打折季了，好期待啊！”如果能像这样进一步展开话题，那就再好不过了。

超级金句

“说到○○，最近好像开了一家 ×× 店呢。”

解围聊天案例 36

休息日素颜的时候碰到同事，如何掩饰？①

这是某个休息日的事情。我开车去附近的大型商场采购一些日用品之类的东西。

由于是开车来回，采购也不需要太长时间，再加上特地化妆也是件麻烦的事情，所以我就素面朝天地出门了。谁知道，偏巧就在店里偶遇了同期进公司的男同事！

对方穿着一身休闲装，呆站在他面前的我不但没化妆，还穿着一身不起眼的运动衫。

“呀，是○○啊，好巧哦！”面对他的热情招呼，我不知道该如何应对。真想用风趣的话把这样丢人的尴尬场面掩饰过去。

不如正视眼前的情况，并适当地自嘲

过分惊慌失措反而会带来负面效果。放心吧，男性还是比较崇尚自然美的，对于素颜的女性也不会抱有消极的印象。所以，不如适当地自嘲，直接把话说破。“你看我，没化妆还穿着一身运动装，真是糟糕呢。”或者再加上一句“要是知道会碰到你，我一定稍微打扮打扮”，让对方知道自己其实还是比较在意外形的。因为是私底下的状态，运动服加素颜也没什么好奇怪的。不过，如果能传达出“身为女性这样不修边幅有点不好意思”的微妙含义，非但不会给对方留下不好的印象，反而还会加分，给人一种“不做作”的印象。

超级金句

“要是知道会碰到你，我一定稍微打扮打扮。”

解围聊天案例 37

休息日素颜的时候碰到同事，如何掩饰？②

接着上一个疑问——

素颜、一身运动装的我在商场偶遇男同事。

按照建议直接自嘲一番的确是不错的办法，可是如果不扯些其他话题，气氛还是会很尴尬。

他也是一身日常打扮（当然和我不一样，要时尚得多），想聊一些私下的话题，可是两个人的仪表实在相差太远，身为一个女性我甚至有些嫌弃自己。

可是，落荒而逃又会显得举止怪异，我肯定不能这样做。请老师教教我顺利摆脱困境的方法吧。

与其聊私人话题，不如聊聊充满生活气息的当地新闻

首先，你要保持冷静。拯救这种危机的最有力武器就是聊天。要使场面避免尴尬，最便捷有效的方法就是把周边的环境当作聊天的话题。

既然身处商场，聊聊周边的事情是最佳选择——“你平时都在这里买东西吗？”“那家店出了名的便宜，你知道吗？”等等。聊两句跟商店有关的话题，等对话热络起来后，再用一句“那公司里见啦”结束对话，正常地告别就可以了。

就像你说的那样，现在对于两个人来说都是私人时间。如果能聊一些充满生活气息的话题，你的素颜和运动装肯定也不会遭到“差评”，相反，还会给对方留下加分的印象：“见到了那个人不同于上班时的私下一面呢。”

超级金句

“你平时都在这里买东西吗？”

第 1 章　解围的聊天术（概括）

解围聊天的原则是选择“不会得罪人的话题”

如果对方是仅仅面熟并不认识的人，一开始就聊私人话题是一大禁忌。不妨聊聊彼此的共同话题，比如当地新开的店铺、对方今天身穿的衣服或拿着的物品等，环顾四周，“共同话题”其实比你想象的要多得多。

不要害怕沉默，不要焦虑“必须聊下去”

孤身一人参加派对，或是和不熟的人独处的时候，很容易陷入一种“必须聊点什么”的焦虑。可是，请放心，你不必勉强寻找话题，直接告诉对方“这种场面我真的对付不了”就行。当对方回答“其实我也是……”的时候，原本尴尬紧张的空气瞬间就会变得轻松。

不擅长聊天的人可以向“专家”多学习

的哥和理发师都是平时和顾客聊得热火朝天的聊天专家。你可以试着向他们发出反问：“把东京的道路记得那么清楚，有没有什么诀窍？”“跟初次见面的人聊天的秘诀是什么？”说出一句能引发对方愉快畅谈的话，也是一种成功的聊天。

工作变顺利！

让事业变顺畅的聊天术

职场聊天案例 1

电梯里只有我和老板，紧张得不会说话

会议马上就要开始了！我却不小心睡过头，急吼吼地跑进公司的大厅，眼看着电梯就要关门。

我撑开电梯门，跃进电梯。发现里面的人是老板，而且，只有他一个人。

“早、早上好。”

“啊，早。”

打过招呼后，双方都陷入了沉默。

公司大楼里的电梯速度比较慢，而且两人的目的地都

是顶层。我只好抬眼看着门上的楼层示数不断往上跳，忍受着漫长的沉默。

这种时候，聊些什么好呢？

把能和老板单独对话当作一次机会

我曾经做过以公司领导者为对象的演讲，所以很清楚，像老板这样带动公司运作的人物，大多数都是喜欢说话的健谈人士。

就算看上去有些可怕或是过于威严，其实，只要迈出第一步打开话头，对方常常就会开始滔滔不绝起来。

首先，要把这种单独和社长对话的机会当作一个“机遇”。然后，直接表达这种想法。“我是××科的某某，能和您对话真是一个难得的机会，有一个问题想请教您……”接着提出一些工作上的困惑，对方多半会平易近人地跟你聊起来。同时，也能给对方一种你是个勤奋努力的年轻人的印象。不管怎样，这是一个好机会。如果只是想着“怎样挨过这段时间”的话，那就浪费了大好机会哦。

> **超级金句**
>
> “能和您对话真是一个难得的机会，有一个问题想请教您……”

职场聊天案例 2

公司的吸烟角特别安静，没法得到放松

作为一个烟民，最近感觉越来越抬不起头来了。我们科室里吸烟的就只有我和另外一个同事。

找个借口在吸烟角抽上一口，本来可以放松下心情。可是，那里的气氛让人特别难熬，因为大家几乎都不说话。我本身就是嘴巴比较笨的人，也不会说什么调动气氛的话，待不了一会儿就感到拘束窘迫。

特别是有陌生人加入的时候，比如其他部门的同事或

同楼层的其他公司的人，吸烟角里简直像葬礼一般死寂。本来好不容易抽根烟想放松一下，这样一来反而心情越加沉重了。或许，戒烟还来得更轻松一些……

以少数派同类这种集体意识为契机

对于烟民来说，吸烟角简直是沙漠中的绿洲。聚到一起的“被驱逐的同类”，自然很容易产生强烈的集体意识。多数派中的少数派伙伴之间非常容易拉近距离，而这种集体意识正是促进聊天的重要因素。

“不管走到哪里，我们都是抬不起头的感觉呢！”“上次在居酒屋，正要抽上一支，却被告知禁烟。唉，不抽烟喝酒都没味道啊！”“前两天被孩子嫌弃啦，说我‘爸爸，烟味好大！’”像这样互相发发感叹和牢骚，即使是陌生人之间也能产生共鸣，是极好的聊天话题。

想必每个烟民都有对禁烟社会的抱怨、知道一些关于抽烟的逸闻。抽根烟放松的时候，请一定试着跟旁边的人搭话。

超级金句

“不管走到哪里，我们都是抬不起头的感觉呢。”

职场聊天案例 3

在地铁商场的员工休息室里，跟别人聊不起来

我在一家地铁附近商场的鞋店里当店员。

大楼的后面有一间员工休息室。商场里进驻的其他专柜的店员也会在休息室里进进出出，很多都是我不认识的人。

商场打折季的时候，忙得没空出去吃午饭，常常窝在休息室里吃便当。但就算跟其他店的人凑在一起，我也从不主动搭讪。别人好像也是一样，结果大家始终没有说话的机会。

这本来是一个结交朋友的好机会，我想跟他们拉近距离。可是，面对年龄和工作各不相同的人，该聊些什么好呢？

利用在同一个大楼工作这个共通点，找到有用的话题

这个案例中的关键点在于，聚集在休息室里的每个人都在同一幢大楼里工作。就算店铺的营业内容，每个人的年龄、性格各有不同，但仍然具有以上这个强有力的共通点。与对方之间的共通点是最有用的聊天话题。一句“辛苦了”的寒暄之后，就应该把话题扯到这个共通点上。

“地下一楼新开的熟食店，去吃过了没有？”“很不错的。喏，今天的便当就是○○”；或是“下周就要夏季大促销了吧”“我们店里已经开始准备喽”“真是一点都没有空闲啊”；又或者是“○○关门后，不知道会开什么店呢？”“可能是 × × 吧”“那不就是同行吗？”“是啊，店长应该会很紧张吧”，等等。

正因为大家身处同一个“舞台”，大家所能看到的共同事物才是最好的话题。

超级金句

“地下一楼新开的熟食店，去吃过了没有？”

职场聊天案例 4

怎么才能像金牌销售那样幽默地谈笑？

我在一家饮料制造厂上班，最近从内勤业务部调动到了外勤为主的业务部。

入职以来，我一直都是做内勤，所以，现在要跟着比自己大 5 岁的前辈，一点点地开始学习怎么跑外勤。

前辈是个很幽默的人， 跟客户交流的时候也会充分利用这项能力。

前辈常常挂在嘴边的话就是“作为一个业务员，一定要幽默，工作的能力还在其次。能跟客户开心地聊上一两通，

才算得上是一个合格的业务员。”

他是个不错的人，但在工作时常常指责我“你说的话一点都不有趣”。那种插科打诨的笑话我实在是不会说，真的很痛苦。

聊天并不需要刻意的“梗”，不一定要油嘴滑舌

我觉得聊天并不需要得出什么结论。而且，你一直以来苦苦追求的插科打诨的“梗”也是一样。根据这两点推导出的答案就是“聊天并不一定需要梗”。如果你的职业是搞笑艺人，那另当别论，但如果不是，那就完全不必担心这一点。

的确，有幽默感的人大都很会聊天，你所说的能说会道的前辈也充分了发挥了这一特性。不管是对话的切入点，还是内容的选择方法、回应的态度都有很多给人启发的地方。这些都请你多多学习参考。

不过，有一点要牢记，你是去跑业务的，而不是去逗笑的。聊天总归是为了营造一个和谐的气氛，因此，用你力所能及的合适的方法去聊天就好。

超级金句

“我这个人说话不是很风趣……”

职场聊天案例 5

同事小酌变成吐槽大会，如何调节气氛？

按照惯例，同一批进公司的同事们会在每年的春季和秋季分别组织一次小酌聚会。说是同一批进公司的，大家都来自不同的部门岗位或分公司。小酌会其实也是大家互通消息、交流工作的机会。不过，最近有一件事让我十分在意——

对于唯一一个出人头地当上科长的同事，大家的嫉妒心越来越强烈，说的坏话越来越多。

“那家伙的脑袋长得跟别人不一样嘛”“上司老早就中意他的呀”，大家说的都是这种话，而且还聊得特别起劲。

难得聚在一起，希望大家可以用积极向上的心态喝喝

酒，所以我想要扭转这样的话题，可是又不想被大家讨厌，我该怎么做呢？

用笑话来取代别人的坏话和嫉妒之词

前面的某个案例里提到一种方法是“把讲坏话的攻击对象从身边的人转移到艺人身上”。其实，还有另外一种摆脱坏话和吐槽的办法，那就是“改成说笑话”。

比如，有人开始说起专横粗暴的上司的坏话时，你应该说的不是“真气人”“真让人受不了”这类火上浇油的话，而是“看来现在是野蛮大叔独霸天下啦”“快向哆啦A梦搬救兵呀”之类的玩笑话。

把谈论的对象从身边的人转换成艺人或社会事件的当事人，也是不错的办法。“话说，最近电视上的记者见面会看了没？真是笑死我了。”“看了看了，那简直是火上浇油啊。”由此把话题转换成无关的笑谈。把愤怒和嫉妒一笑了之，进而转变成正能量，这样不仅有益于精神健康，喝酒也能喝得更畅快吧。

超级金句

“话说，最近的〇〇看了没？真是笑死我了。”

职场聊天案例 6

电梯迟迟不来，等待的几十秒钟真是尴尬

我经常把其他公司的业务员约到自己公司里谈事情。

约谈结束后，我会把对方送到电梯间。可是，我们公司是自建的大楼，而且有些年头了，电梯运行的速度出奇地慢，按完电梯按钮之后常常要等上很久。

约谈时把该讲的事情都讲完了，已经没什么可以聊的。所以，经常是沉默着挨过等电梯的几十秒钟时间。

两个人直直地站在电梯间里默默等待的样子，从某种角度来说，还真有点滑稽。

这种场合下，说些什么话比较好呢？

利用电梯的迟钝作为自嘲的话题，反守为攻

想上楼的时候，电梯已经上去了，想下楼的时候电梯已经下去了，不知为何，电梯这东西总是这副德行。与其为此而焦虑，不如把焦虑的源头拿来当作聊天的话题。

“不好意思，让你等这么久，我们公司电梯的慢是出了名的，简直让人怀疑是不是直接在用钢绳把人吊上来呢”，“着急的时候我们都直接走楼梯的，是不是为了职工的健康考虑，特意把电梯调得这么慢呢”“你们公司是新大楼，想必电梯的速度很快吧？”可以像这样用电梯速度慢来愉快地自嘲，进行聊天。

“我们公司的楼比较高，所以电梯速度很快，但是太快的话也有些吓人呢”“那下次你来的时候我们计个时吧”，一旦聊天延伸开去，也有可能为下次的聊天埋下伏笔。

超级金句

“我们公司电梯的慢是出了名的。”

职场聊天案例 7

和沉默的上司一起出差，感觉很紧张

最近，我和分管片区的客户之间的一桩大业务就快谈拢了。为了最后的收尾，我和部长一起出差。

这次出差受到公司同事的赞誉和期待，我自己也是信心满满，唯一让我感到担心的就是同行的部长。

部长平时就是一个沉默寡言的人，是出了名的喜怒不形于色。

因为部长滴酒不沾，我们也没有一起喝过酒。虽说不是一个让人讨厌的人，但是他的心思让人很难捉摸。

要跟这样的部长一起坐好几个小时的新干线，还要一

起吃晚饭，一想到这些真心感到头大啊。

说一些平时没有机会问的困扰和问题

虽然和上司天天见面，但私人对话的机会却意外的少。需要长时间单独相处的出差，是一个和上司拉近距离的好机会。

所以，不如抓住机会，在一起坐车或吃饭的时候，试着聊一些平时没机会说的工作上的困扰或者需要商量的事情。最关键的是“一直都想找机会跟您商量”这句话。一旦上司产生“他仰慕我”的满足感，就会更加认真地对你加以关照。

既然难以接近，不如更加直接地向对方求教。与其用上司和部下的关系来界定，不如用人生的长辈和晚辈这样的关系来相处。这样，你有可能会发现上司不会在公司里展露的一面，或者是了解到两人共同的兴趣爱好，这样就赚大了。待彼此卸下心防之后，再慢慢聊到工作上的事情，谈起来也会容易许多。

超级金句

“一直都想找机会跟您商量……”

职场聊天案例 8

聚会上遇到“上司的朋友”，不知该聊什么

这是上次去参加跨行业交流聚会时的事情。

有一个中年的业务大叔看到我胸口的铭牌，就走进过来打招呼：“过去，承蒙你们公司的〇〇先生的关照……”“〇〇先生最近怎么样了？”“当领导了吧？”难得对方这么平易近人地跟我打招呼，不过我也只能老老实实地回答“现在是我的上司”“当上了业务部长”。结果，对方静静地陷入了沉默。

本来就是初次见面，我完全不知道该主动聊些什么。

这种场合下，什么样的话题比较合适呢？

反问对方跟上司有关的问题，为今后的人际关系打基础

对于当前的你来说，“上司”这个共同的熟人正是最合适的聊天话题。因为是个好机会，所以不如趁此机会反问一些关于上司的话题。

“敝公司的○○年轻时是个怎样的员工？”“是个典型的热血业务员呢，经常看到他跟别人激烈地争论。”“好意外哦，现在看起来十分稳重低调。”“不，一到特殊时刻还是会热血起来的。”或许，你可以由此窥见在单位时看不到的上司的另一面。

下一次，这个人就成了你和上司之间的共同熟人。“前阵子碰到了××先生呢”“是吗，他还好吗？”“嗯，听说○○部长您以前是个热血的业务员呢”“那家伙，又提这种老掉牙的事情”——你和上司之间的聊天也会变得轻松容易起来。

超级金句

“敝公司的○○年轻时是个怎样的员工？”

注意 不能批判或者说上司的坏话。因为，这些话总有一天会传到上司的耳朵里。

职场聊天案例 9

在交流午餐会上，被资深女同事包围①

在我们公司，每个月都会从每个部门随机抽出一名员工聚在一起，举行“各部门交流午餐会”。

对于这种场合，我应付不来，每次都是找借口拒绝。但这次还是难逃一劫，终于要硬着头皮参加了。

等我来到指点聚餐地点的时候，发现其他部门比我年纪大一轮的 3 个资深女职员已经一起围坐在桌边。她们似乎聊得正欢，我想要加入也找不到合适的话题。结果，一直闷头吃饭，简直食不知味。再过几个月，还要再被“虐”

一回，一想到这个我就抑郁。到底什么样的话题才能帮我轻松地加入她们的聊天呢？

反过来利用女性心理和关心的内容作为话题

这是一个了解女性心理的绝好机会。如果你有女朋友，可以趁机向“姐姐们”请教：“女朋友的生日快到了，送什么礼物好呢？”“送一些没用的东西最讨厌了”“我个人还是比较喜欢直接送钱”“现金吗？！”这样，聊天也能顺利展开，你也可以趁机学习，一举两得。如果你没有女朋友，最合适的话题就是“我一点儿都不受女孩子欢迎，该怎么办呢？”恋爱话题是女性永远感兴趣的聊天内容。对于姐姐们来说，年轻男孩子主动提供话题，是她们喜闻乐见的。所以，你就果断地做一次“牺牲”吧。

超级金句

“女朋友的生日快到了，送什么礼物好呢？”

超级金句

“我一点儿都不受女孩子欢迎，该怎么办呢？”

注意 千万不要秀恩爱。让对方觉得“不舒服”是最糟的状况。

职场聊天案例 10

在交流午餐会上，被资深女同事包围②

接着上一个提问——

在被女同事包围的午餐会上，按照您的建议用自己的恋爱请教和问题做话题，的确聊得挺热闹的，真是帮了大忙。

只是，问题在于午餐持续了很长时间。我自己的恋爱问题没法聊这么久。意料之中的，恋爱相关的话题能聊的也都聊完了。但是比我想象中过的还要快。之后，变成了女同事之间的聊天会，我被孤零零地晾在了一边，但我又不能中途离席。

听说下次还要跟这群人一起吃饭，到时候该如何应付那样的场面呢？

不打断对话，附和一下就好

当大家聊完恋爱的话题，最终又转变成“闺蜜”聊天的时候，你就不需要再勉强加入了。比如，聊到美甲的话题时，你只要说一些类似“哦？这样的吗？”“听说挺贵的？”“有没有美甲艺术师这样的人？”的话，随声附和一下就好，不要打断她们。

抱持着学习陌生领域的话题的态度，后退一步从对话人群中“隐身”，不要打断别人的聊天。

不过，适当地表现自己的参与感也十分重要。比如，可以顺势加上一句“啊？真的有这样的事？”“听起来很有趣呢”之类的话。如果你完全沉默，没有任何反应，就会给女同事们的聊天带来无形的压力，使得她们的聊天也无法顺畅地继续。

超级金句

“啊？真的有这样的事？”

职场聊天案例 11

我是一个口拙的销售员，无法跟顾客轻松地聊天

我在一家时尚成衣店里做销售员。

常常听人说“一个优秀的销售员能跟自己的顾客建立好朋友般的关系”，但是对于我来说，这一点十分困难。

“欢迎光临”“请慢慢挑选”“可以的话给您拿一件合适的尺码试试吧”，我热情地说着这些销售金句，有客人询问的时候也只会说一些关于衣服本身的事情，除此之外，不知道该聊些什么。

为了跟顾客建立合适的友好关系，该如何进行交流呢？

如果觉得困扰，可以从夸赞顾客的衣着和配饰入手

这种情况下，有一点需要特别注意，那就是顾客总是怀揣着一种任性的想法——“我只想仔细地挑衣服，别来烦我。不过，要是能跟店员随意聊聊也不错。”因此，首要的关键点就在于开口说话的时机。一旦捕捉到可以搭话，希望被搭话的信号，顾客就无法拒绝和你对话了。而这就是考验聊天能力的时候。

聊天的王道就是夸赞对方。“您的指甲好漂亮哦，是在在哪里做的？”“没有，我自己涂的呢。”“您自己涂的？好厉害！有眼光的人就是不一样啊！”“哪里哪里，没有的事。”

“夸赞→喜悦→继续夸赞→聊得起劲”，这是最有效的“聊天四步骤”。

然后，如果能紧接着把话题切换到店内商品的推荐上“我们店里有跟您的指甲十分相衬的首饰，请您也看一看哦。”那么效果自不必说。

超级金句

“您的指甲好漂亮哦。”

职场聊天案例 12

客户主管太冷淡，怎么都聊不起来

对我来说，眼下最难对付的对手是客户主管 A 课长。因为，这个人是比较冷淡的一个人。

“承蒙您的关照！”就算我主动向他打招呼，也是面无笑容地应一声“啊，是你啊”，看也不看我一眼。

就算是在谈业务的时候，他也只是“嗯”“是啊”地应着，就算我发问，也都只回答一句“这个嘛，怎么说呢”。

虽说如此，他明明也不是心情不好或是不欢迎我。向他手下的人打听后才知道“A 先生对谁都是那副态度，并不是讨厌你”。可是，谈生意的时候那种沉默真是让我感

到非常棘手。为了打破这种冷淡的堡垒，有没有什么好的对话契机或话题呢？

一点一点地拓展话题，引出除了“嗯”之外的回答

沉默并不等于不想说话。要把“嗯”“是啊”看作也是对方反应的一种，循序渐进地拓展一些安全的话题。如果对方还是没有反应，只要迅速果断地结束话题就行。“台风好像已经登陆了呢”，“嗯”；“昨晚的足球比赛很精彩呢”，“嗯”；“消费税上调后真是头大呢”，“是啊”……在一次又一次这样的对话中，也有可能会得到与平时不一样的回答。这种时候就要抓住机会。

“有点晒黑了呢，是去打高尔夫了吗？”“不是，是钓鱼晒的。”——这样的回答正中下怀。以“钓鱼”为线索，可以进一步往下发掘话题：“现在这个季节钓的是哪种鱼？”“海边的话就是鲌鱼之类的。”“好吃吗？”“当然。”

一旦有过一次这样的对话机会，下次再要打开话头应该就会容易得多哦。

超级金句

“昨晚的足球比赛很精彩呢。”

职场聊天案例 13

和客户聊天的时候，哪些是禁忌话题？

我在公司里负责拓展新客户的工作。

曾经在一本职场指南看到过这样的话："单单只是推销自己公司的商品是无法成功的，通过聊天拉近双方距离才是最重要的。"于是，我每天都关注报纸或网上的新闻，为聊天的话题做储备。

可是，真到了要发挥的时候，却没法好好利用这些事先准备好的话题。由于紧张过度，常常说漏嘴，尽说些废话和不该说的话，惹得对方不高兴。上次，我对执政党的政策稍微发了几句牢骚，然后发现对方似乎是该党的支持者，听了我的话之后一脸的怒气。

在联络业务的聊天过程中，有哪些是“不合适的话题”呢？望老师指点。

各有所好的话题应该避免

在这种情况下，你可以先用安全的话题试探对方的反应，如果对方对某个话题表现出兴趣，就进一步延伸话题，这是聊天的基本理论。但是，也有可能因为某个话题使气氛冷掉，请一定注意避免。

聊天中应该避免的是有关“宗教”和“政治”的话题。对于这类话题，往往有不少人持有明确的立场和原则，原本是为了缓和气氛的聊天反而有可能起到反作用。

职场环境中的聊天，最基本的准则就是要选择安全的话题。提出不同意见或反驳对方恐怕都会把聊天变成辩论。其中，外交问题和核能政策问题尤其敏感危险。

另外，没品的“低级话题”、同行的“坏话”、对着女客户大聊“年龄”“相貌”“结婚”“生小孩”等都是应该避免的。意识到聊天即将触及危险话题时，用“还真是世事艰难啊”一句含糊带过，也是一种不错的方法。

超级金句

“还真是世事艰难啊。”

职场聊天案例 14

客户公司换了女主管，什么话题才能投其所好？

我们公司的一家大客户最近更换了主管，从之前的男主管换成了女性。

新主管做事爽快麻利，很好相处。不过，还是有一样事情困扰着我，那就是聊天。

和前主管打交道的时候，谈业务之余，我们聊起高尔夫、足球、赛马等共同的兴趣爱好时，也是相谈甚欢。可是眼前的新主管，别提赛马了，听说平时也不看球赛、不打高尔夫。

以后，我们还要经常见面，如果只谈业务上的事显然干巴巴的，有些无聊。可是，我对女性喜欢的话题一窍不通，

想不出聊什么话题合适。

没有必要过分在意“女性喜欢的话题”这一点

因为你是男性，在女性面前很容易就会过虑，担心自己被认为“不会说话”“这个人怎么回事啊”，这也是可以理解的。

不过，请你回想一下。聊天的目的在于“平静彼此的心情，拉近双方的距离，缓和周围的气氛”。不管对方是男性还是女性都是一样的。

对于女性喜欢的话题过分了解的话，也会起到反效果。如果身为男性的你对于化妆和美容美体懂得太多的话，也挺可怕的。

所以，这种情况下，把眼前的事物或身边发生的新鲜事等当作聊天的切入点仍然是王道。比如，“这幢楼里新开了一家意大利餐馆，有去尝过了吗？”

超级金句

“这幢楼里新开了一家意大利餐馆，有去尝过了吗？”

注意 **要避免“年龄”“相貌”等跟女性密切相关的隐私话题。**

职场聊天案例 15

去客户单位拜访，被带往会客室时说点什么好？

跑外勤有挺长一段时间了，不过最近有一桩事情让我常常觉得“好头疼”。那就是拜访客户时和前台小姐或接应人员之间的对话。

“我找负责材料的〇〇先生。”一听到我这样说，对方多半就会把我带到约定的见面地点——“请这边走。”跟着前台小姐往房间走去的短短一两分钟时间里，总觉得特别漫长，尤其是在第一次上门拜访的情况下。

我每次都是默默地跟在后面，总觉得气氛有些沉重和

尴尬。“我同事马上就来，请您稍等一会。”听到这句话后，我才松了一口气。我想着要是这种时候能随意地聊两句就好了，是我过分介意了吗？

算是给自己“热身”，一定要先聊几句

虽然默默地跟在身后也不要紧，但是通过聊天可以使自己的紧张得到舒缓，也有助于之后商谈的成功。

而且，这还可以为后面的商谈热身。我建议一定先跟前台小姐聊几句。当然，最主要的问题是聊些什么。

如果觉得无话可说，可以仔细观察周围环境，这是寻找聊天话题的法宝。走向招待室的时候，可以若无其事地打量一下沿途的环境。

“那张是佩内的画吧，不知是哪位挑选的？”“这株绿植长得好棒啊，是什么品种？”——聊聊这类“可有可无”的事情就行。因为，这种聊天并不需要具体的意义。

超级金句

“这株绿植长得好棒啊，是什么品种？”

职场聊天案例 16

工作出错被领导痛骂一顿，第二天上班心事重重

昨天，在处理工作订单时发生了失误，惹得客户非常生气。幸亏部长出面道歉，总算息事宁人。事后，我被叫去部长办公室，狠狠地被训了一顿。

事情的责任完全在我，所以没有辩解的必要。真的很久没有被这样训过了。

我突然失去了信心，一个人回到家里喝闷酒。

部长是一个直爽的人，对于这事不会继续絮絮叨叨，所

以应该没事了。可是，一想到明天要在公司里碰面，就不禁心事重重起来——明天一早，寒暄过后该说些什么呢?

主动再次道歉是对上司的“反馈”

这个案例的中心，与其说是“聊天能力”，不如说是“道歉能力”。挨训后的第二天再次见面的尴尬，自然不必说。首先，你要做的就是反省。然后，要把这种反省在上司面前表现出来。

第一句话也是最惯常的一句话——“昨天的事情真的很抱歉。”接着，紧跟上“我会努力在工作中更加谨慎”，甚至是“谢谢您直接指出我的问题，不知道还有没有其他需要改正的地方？”这样道谢的话语，就能使事态好转。道歉时也和平常聊天时一样，“对不起＋α”的组合会起到很好的效果。

或许，前一天训斥过你的上司也在头疼“该说些什么呢”。为了消解彼此的尴尬，应该由你先打开话头。你的再次道歉是对上司的一种反馈，让彼此间的印象不会变差。

超级金句

“谢谢您直接指出我的问题，不知道还有没有其他需要改正的地方？”

职场聊天案例 17

客户主管暂时离开，如何与对方公司的人聊天？

某次，在客户公司的会议室里，对方 2 人和我 1 人准备讨论一下新的方案。

当我正要介绍方案的主题时，对方中的一人说了一句“啊，我忘了带资料，稍微走开下——”就起身离开了。房间里就只剩下我和对方员工两个人。

当然，要等那个人回来后，才能继续介绍方案。

我和那个年轻员工只有工作上的交集，没有什么共同

话题。所以，两个人默默相对，一句话也不说，气氛有些尴尬。

这种场合下，应该聊些什么话题呢？

从眼前的东西入手，寻找话题

如果既没有共同话题，又跟对方不熟悉，那么就从眼前的东西入手，当作话题聊聊吧。比如，眼前所处的会议室。“这间会议室装修得很时尚呢，跟我们公司的完全不一样。”“有了白板，开会方便多了吧”“有一次在一个无窗的房间里开会，四周都黑乎乎的，这里挺亮堂的，不错”，等等。

如果会议室位于高层，也可以聊聊从窗口眺望到的风景，像是“不愧是15楼，视野真好”这样的话题。跟工作有关的事情当然也可以聊，例如，“你平时主要担任哪方面的工作？”“我进公司已经 × 年了，换到这个部门也已经是第 × 年，你在这个部门待了多久了？”

充分利用各种各样的身边事物当作聊天的话题，这是聊天的核心。

超级金句

“有了白板，开会方便多了吧。”

职场聊天案例 18

上司是炫犬狂魔，如何巧妙脱身？

我对上司这个炫狗狂魔真的是非常厌烦。每天早上都能听到他夸耀自家的宠物眼神无辜、毛发漂亮之类的。他的手机简直就是他家爱犬的写真集，每天都要给我们看一张“每日写真”。

如果狗狗本身的确很可爱，那还可以理解，可是上司的爱犬一点都不可爱，完全是他自己“情人眼里出西施”。

当然，我也不能吐露实话，每次只能用“真的呢”之类的话敷衍过去。可是，说实话，每天这样真是让人头疼。但我又是内勤，逃也逃不掉。

怎样回答才能既不让上司无止境地炫下去、结束他的话题，又能不得罪他呢？

只需简单地附和后加一句“差不多开始工作啦”就行

聊天中最佳的平衡是“对方和自己八二开”，但有时也难免遇到对方“暴走”，在对话中占有100%主导权的情况。这种时候应该如何脱身呢？

有一种方法就是“倾听”，既不无视，也不接茬，只是一味地说“是的，是的。”“嗯，嗯。”这样单调的附和。对于炫耀的一方来说，最没有必要继续聊下去的对象就是“不管说什么都没有反应的人”。既不无视，也不接茬，只需说一句“差不多开始工作吧”，上司也会有所察觉的吧。如果这样做还是无法结束话题的话，那么说一句“不好意思，我先去一下洗手间”，然后起身离开也是一种方法。还有一种更加安全的做法，用一句话夸到极致，接着立马转换话题。“啊，简直是世界第一可爱啊！”如此夸赞后，紧跟一句“话说，上次那件事……”这样就足够圆滑，不会得罪上司了。

超级金句

“是的，是的。”“嗯，嗯。”

职场聊天案例 19

跟客户方的大人物同坐一辆车时，聊什么好？①

在公司里谈完业务后，进入招待客户的环节。结果，我和对方公司的大人物同坐一辆出租车。

这位大人物只在谈判的最后关头出现，所以我们之间几乎没有过交流。

就是这样一位有地位的前辈和我这样一个刚进公司的新人，在出租车这个密闭空间里单独相处（除去司机不算）。

从公司到饭店至多有 5 分钟的车程。这本是一个通过一两通愉快的对话给对方留下好印象的机会，可是我却不

知道说什么好，一路保持沉默。

气氛实在是窘迫，我被逼出一身的冷汗……

不必硬聊，把气氛切换成“休息模式”

这种场合下，如果对方已经陷入疲惫的状态，我建议你还是不要硬聊比较好。不过，也不能自始至终一语不发。“到饭店还要 × 分钟，请您稍事休息。”这句话十分重要。如果对方害怕冷场，刚好在想“聊些什么”，一听到这句话应该会感到欣慰吧。

我在出席演讲会的时候，也有过和活动负责人同坐一辆出租车的经历。我虽然是个很爱说话的人，但听到对方说“您受累了，歇一会儿吧，20 分钟后我叫您”的时候，还是为这种周到体贴感到开心。

只需要这样一句话，车里的氛围就从“聊天模式”切换到了一语不发也不会尴尬的“休息模式”。这种转换也算是聊天技巧的一种吧。

超级金句

“到饭店还要 × 分钟，请您稍事休息。”

职场聊天案例 20

跟客户方的大人物同坐一辆车时，聊什么好？②

上一个问题的继续——

坐出租车前往饭店的途中，我对客户说“请您休息一会儿吧”，不料，得到的回答却是“不，我不累，不用管我”。

之前听说对方是一个精力旺盛的人，所以也会在心里猜测“或许他并没有感到疲惫吧”，事实证明，果然不出所料。

我跟对方只在工作环境下打过交道，给人的印象非常友善。可是，其实几乎没有聊谈过，到底还是没有办法一下子想出一些单独相处时能使气氛融洽的话题。

这种时候，我应该怎么做呢？

保持新人本色，请教商务谈判的感想

这个情境发生在商务谈判之后，所以关于谈判的感想正好也是一个话题。

“自己初出茅庐，参加商务谈判的机会还很少，这次真的学到了不少东西。”可以这样说。至少，只要向对方传达“自己是个新人，想向前辈讨教经验，现在正是个好机会，所以想问问您”这种心情，对方应该会有所回应的。“有没有二十几岁的人特别需要注意的地方呢？”如果对方是个开朗外向的人，你也可以直接这样问。一般来说，对方会一五一十地回答你。

此外，也可以聊聊正在前往的那家饭店。“今天要去的是××饭店，他们家的某某菜很有名，不知您是否喜欢？”这样发问也是不错的选择。也可以从新人的角度出发提一些问题。不管聊什么话题，最最重要的都是保持一种“请求指教”的姿态。

> 超级金句
>
> “有没有二十几岁的人特别需要注意的地方呢？”

职场聊天案例 21

除了业务不会聊其他话题，无法跟客户搞好关系

进公司之后，我一直在总务部上班。不过，随着最近一次的人事调动，我转到了法人业务部工作。

由于完全没有做业务的经验，每天都在紧张中度过。

前辈们常常这样跟我说："要做好法人业务，和客户的主管搞好私人关系非常重要。"

大道理我当然懂，可是我跟客户主管怎么都聊不起来。我能聊的充其量就只有业务上的联络和报告之类的最基本的必要事情，一旦聊完工作上的事情，瞬间就会陷入尴尬的沉默。一下子想不出能缓和气氛的聊天话题，只能干笑

着挨过去，几乎每一天都是这样。这种情况下，想要搞好私人关系根本就是白日做梦……

记住对方说过的话，进行“再利用”

准备一些时事或天气相关的“万能话题”当然安全，如果是面对已经拜访多次的客户，不妨试试“记住对方说过的事情，下一次见面的时候提出相关的问题”这个方法。例如，“对了，之前来拜访的时候，听您说起过喜欢烹饪，周末常常为家人做饭，不知道上周末有没有做上一桌呢？”“做了炖牛肉而已啦。”“好厉害啊。”“哪里，男人做菜总是大手大脚的，还要看人家脸色呢。”像这样，对话就能顺畅进行了。

也就是说，在下一次拜访中使用对方上次说过的话题。这样做，不仅能打开话头，还能给对方留下一个“他记得我说过的话”的好印象。这对于前辈所说的“搞好私人关系”来说，也可以说是一种有效的方法吧。

超级金句

“对了，之前听您说起过……”

注意 → **记得事先回想一下对方提到过的逸事或话题，确认自己还记得哪些部分。**

职场聊天案例 22

业内的管理层聚会，不谈业务就聊不起来

今年春季，由于人事调动，我升职到了课长职务。在我们公司，一旦担任管理职务，就有义务参加每个月举办一次的业内团体聚会。

前几天，我第一次出席聚会。前来参加的果然都是竞争企业的管理层人员。

我认为这样的聚会是一个互相交换信息的绝好机会，想要尽可能多地结识一些人，交换名片，和他们成为好朋友。

然而，即使想要交换信息，无奈是竞争伙伴，很多事情都不能透露，对话起来比想象中要困难得多。

参加聚会并不是只为了收集信息，所以，我希望可以和其他人轻松地交谈，从什么话题入手比较合适呢？

围绕共同话题，向对方请教自己不明白的地方

在每一天的生活和工作中遇到的不明白的地方或疑问之类的也能成为聊天的话题。你刚当上管理人员，刚开始有了部下，想必有不少不安、困惑和不明白的地方吧。这时，只要把这些问题和困惑提出来，向对方请教，就能使对话变得轻松起来。

来参加这种聚会的，有不少已经在管理职位上打拼多年的人，也就是对你而言的“管理职位的前辈”。所以，以一个初学者的身份出场，试试向前辈请教管理经验如何？

“当上课长后第一次有了需要管理的部下，想要跟年纪差不多的部下相处融洽，有没有什么诀窍呢？”“给异性部下派任务时，要怎么说比较合适呢？”围绕管理职务这个全场最大的共通点，试着发问或打开话头吧。这样一来，既能推动聊天也能学习到经验，真是一举两得呢。

超级金句

“想和部下融洽相处，有没有什么诀窍呢？”

职场聊天案例 23

长时间接待顾客，不知道该聊些什么

我在一家美甲沙龙上班。

美甲师通常被大家看作是一项外向的、社交性很强的工作。可是，我从小就是一个喜欢独自闷头画画的“超级”内向的人。

从设计造型、挑选颜色到完成实际的涂画，完整的美甲过程需要大概两个小时。

虽说光靠嘴皮子也不能做成事情，但是由于美甲是一对一服务的工作，如果全程沉默不语会让人感到尴尬。

可是，认生的我向来不擅长聊天，跟顾客总是聊不起来。真羡慕那些能和顾客聊得热火朝天的同事。

事前准备好能成为聊天话题的东西

随意聊天的时候，把眼前的事物当作话题的方法十分有效。而对于“没法一下子找到聊天话题”的人群，我建议可以把能够用作聊天话题的自己的物件（即沟通工具）事先准备好。

如果是美甲师，可以挑选设计独特的戒指、手镯等与手部相关的物件，或者把自己的指甲画成颇具个性的图案也是不错的方法。这样，就能利用这些物件制造话题：“这只手表的设计挺有趣的吧？”“这种样子的，以前有见过吗？”

相反，如果利用顾客身上的物件打开话头“这个好可爱啊”“这是什么东西？”就能以顾客为主体展开聊天。

感到困扰的时候可以借助物件。事先准备好可以用作聊天话题的工具，这样就有备无患了。

超级金句

“这只手表的设计挺有趣的吧？”

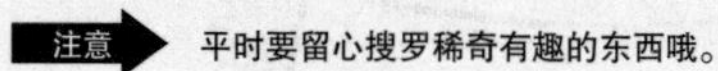

职场聊天案例 24

跟同事和她的朋友吃饭，我完全跟不上话题

某次，跟同事妹子一起在公司附近的店里边吃边聊，很巧的是，她的朋友、一个也在附近上班的女生也走进了店里。

“好巧啊，一起吃吧！”同事赶紧招呼她的朋友。于是，变成了我、同事和她的朋友的三人午餐。

刚才还在发工作的牢骚和各种八卦，有其他公司的人加入进来后，这种话题也只好打住。

同事和她朋友好像许久不见，两个人聊得火热，感觉我自己一下子被置身事外了。

这时，该怎样应对这种场面呢？

提一个不会打断对方的小问题，然后静静倾听

同事和她的朋友难得见面，聊得兴高采烈也是可以理解的，你只需在一开始做一下简单的自我介绍，然后让她们成为聊天的主角就好。

不过，毕竟是三个人坐在同一张桌子，也没必要彻底隐身。看准时机，适当地提一些不会打断对话的问题，比如“你们两个经常一起出去玩吗？”“大学时也是同一个宿舍的吗？”“能有学生时代的好朋友真好啊！”然后作为一个倾听者的角色，微笑着听她们的回答。这是比较成熟的处理方法。

如果她们两个的对话暂时告一段落，你不妨围绕同事这个三人的共同话题，做一点展开：“○○同学（你的同事）在学生时代也很受男生欢迎吧？”

就算“置身事外”，充其量也就吃午饭的一个小时而已，就用一颗宽容的心来对待吧。

超级金句

“你们两个经常一起出去玩吗？”

职场聊天案例 25

跟谈崩的客户狭路相逢，想调节一下尴尬的气氛①

跟客户在公司里碰头开会。由于双方对情况认知的意见不一，本应顺利进行的企划被推翻，需要重新讨论。

结束了这场不快的会议、送走客户后，我和同事一起到附近的西餐店吃午饭。不巧的是，上午一起开会的客户主管也走进了同一家店。

更倒霉的是，他还坐在了我们的隔壁桌。

如果之前的会议进展顺利那倒也算了，虽说是工作上

的事，但是前脚刚谈崩后脚又碰面，这种微妙的场合下难免觉得尴尬。我坐在边上，简直食难下咽！

只需“你好”和“再见”，没有更多交流也 OK

尽管谈判以失败告终，商洽结束后的用餐时间你是不会想聊工作的事情的。而且，对方想必也是这样的心情。

所以，一开始先向对方道谢“刚才多谢指教”，接着聊一些其他的话题就行。就算要聊，也应该选择诸如“这家店的东西很好吃哦”这类比较安全的话题，千万不要提起之前谈判的事情。这就是成熟的人际关系的微妙之处。

然后，当对方离开的时候，要再次主动打招呼“那么，下次还请多多关照”。如果是你先走一步，也不要忘记说“我先告辞了”。只要在见面和分别的时候好好地打招呼，其他的就不用太在意了。

超级金句

“刚才多谢指教。这家店的东西很好吃哦。”

职场聊天案例 26

跟谈崩的客户狭路相逢，想调节一下尴尬的气氛②

前一个问题的后续——

您给出的建议是“只要在见面和分别的时候好好地打招呼，除此之外聊一些其他的话题就行”，可是现在的情况好像是对方摆好架势，想要主动跟我说话的样子。

虽说如此，但眼下也不是适合谈判后续的地方。大概对方在旁边也是如坐针毡的感觉吧。

由于店面狭小，想要假装没看见根本不可能。关于这家店的口味的话题也已经聊过了。这种情况下，如果还硬

要聊些什么的话，哪些话题比较合适呢？

聊聊与彼此无关的同行的新闻就能万无一失

虽然也可以选择聊聊时事新闻，可是在商洽谈崩的情况下，一下子转换到艺人或体育新闻上，未免有点突兀。但是，也不想提起谈判这件事。这种时候，最合适的话题就是业内的新闻——“最近，业内发生了这么一件事情，你有听说吗？”“啊，是吗？还是头一次听说呢。”对话很快就变得热络起来。比起唐突的时事新闻，彼此所属的业界里“与自己没有直接关系”的传闻，是最安全最合适的话题。

“听说那家公司最近着手开始○○工程了呢。”“那很有竞争性啊。”像这样如果是业内的共同话题，就会使对话产生一种“闲聊”的感觉。吃饭的时候没必要硬聊，等到饭后喝茶的时间适当闲聊几句，然后用“那先这样吧”结束对话。这样一来二去间，商业洽谈失败的尴尬气氛可以得到缓和。

这也是聊天的一种好处吧。

超级金句

“最近，业内发生了这么一件事情，你有听说吗？”

职场聊天案例 27

被一喝醉就教育人的上司抓住说话，怎么办？

前几天，公司里办了新同事欢迎会。中华料理店吃完饭后，又转移到居酒屋“续摊”。本来大家和乐融融，气氛很不错，问题是有一个一喝醉就开始说教的 A 课长。感觉有点喝高了，正打算挪窝，不想却被叫住：“喂，过来坐一会儿嘛。”

“你啊，虽然年轻，但是不够有雄心壮志，开张票也很慢，做事拖拖拉拉的。”“啊，对不起。”“不是什么对不起对得起的事！”

真是糟透了。这个课长就算喝醉了第二天仍然记得前

一天发生的事，有点恶劣。可是，这时又没有人能拉我一把，要怎么做才能既不冲撞课长，又能顺利脱身呢？

主动发问，把话题转换成“课长的历史”

回避说教的基本办法就是“发问”。如果对方开始滔滔不绝地“现在的年轻人啊……”，你应该先随声附和“是呀”，然后紧跟一句“我想了解一下”，用“课长年轻时是什么样的？”“课长您年轻时在哪个部门？”之类的话题，使对话变成对课长过去经历的打听。自然地，课长会开始讲他自己的经历。“我以前是 ×× 部门的，当年还是半吊子喽。”一旦话题变成“课长的历史”，说教就会停止。一般来说，喜欢说教的人，也喜欢讲“自己的历史”。

另外，也可以巧妙地转移说教的矛头——“我确实犯了不少错误，不知道以前有没有这样的人？”“有啊有啊，比你还要过分呐。”“那我比那个人强多啦。”“我看是半斤八两。”这时，已经不再是说教，而是在讲自己的事情。虽然课长自己的历史讲起来也挺烦人的，但比起说教来可要强多了，这一点你要明确。

超级金句

“我想了解一下，课长您年轻时是个什么样的人？”

职场聊天案例 28

被调到之前对立的部门，如何尽快融入新集体？

进公司以来，我一直都在销售部门工作，可是，最近被调换到了财务科。

其实，由于招待费、交通费等销售经费的问题，销售部和财务科一直以来都是争吵不断的两个部门。甚至就因为一张发票怎么开的小事，财务科就和销售部的人大吵了一架。其他部门的人都揶揄这是销售和财务的生死大战，两个部门简直是水火不相容。

不凑巧的是，我刚好要被调到财务科。老实说，真的很别扭。我该怎么做，才能改善生硬的关系，让“昨天的敌人成为今天的朋友”呢？

表明“立场改变后才了解情况”的态度

在这种情况下，只有“成为今天的朋友”这一种选择。岗位调动后就要为新的部门效力，这就是工作。一方努力想要削减经费，另一方想要大力拓展业务，生产更好的产品。正是因为这种对抗制衡的存在，才使得公司能够正常运转。职业体育界的情况也是一样。假设巨人队的球员转会到阪神队后，曾经的劲敌变成了战友，大家一起并肩战斗。而且，如果这个选手在新的舞台大放异彩的话，还能带动整个棒球界的繁荣。这也是同样的道理吧。

其中，很重要的一点是向新部门的同事表露心迹：“以前做销售的时候没有感觉，现在总算能明白你们要抱怨的心情了。调到财务部后才刚意识到，如果立场不同，所追求的目标也不一样。”通过这个态度，可以传达出“以前不了解情况就胡乱抱怨，很抱歉”的反省，财务科的同事也会想“啊，你终于明白了”，继而能够消除彼此的隔阂，气氛融洽地共事。

超级金句

“以前做销售的时候没有感觉，现在总算能理解财务科了。”

职场聊天案例 29

客户的聚餐完全应付不来，感觉没有容身之处

我是今年刚进公司的新人，被分配在销售部门做事。

前两天，我跟着课长一起参加了客户的新产品发布会。发布会结束后，我们参加了自助餐聚会，本来也只是应酬一下稍微露个脸，课长也说“马上就回去的”。可是，没想到这个“稍微”竟然如此漫长……

四周都是素不相识的人，课长和客户公司的人兴致勃勃地讨论着关于高尔夫的话题。虽然也有和我年纪差不多的人，但都是第一次见面，不知道该聊些什么。感觉没有

自己的容身之处，只好一直默默地玩手机。

既然是做销售的，以后肯定还有很多这样的机会。难道每次都要当男版的壁花吗？我不禁感到发愁。

跟同样遭遇的人搭话，彼此消解尴尬

第一章里面也出现过相似的案例，那位当事人由于工作原因或碍于情面不得不参加自助餐聚会，却只能握着酒杯一个人默默地站在角落里。

当我自己被邀请参加这类聚会时，惯常的做法是“一次聚会结识一个人”，主动跟那些看起来闲得无聊或同样呆站着的人搭话。

这样做不仅可以改变自己的窘境，同时也能为相同境遇的人消解孤独。除此之外，还能发展新的人际关系。

聊天，可以把人从孤独中解救出来。

超级金句

“这种场合我真是应付不来，闲得无聊好头疼啊。”

职场聊天案例 30

我的嘴巴太笨，不会跟顾客幽默地聊天

我在郊外一家车站前寿司店里做厨师。

我们店把严选新鲜食材看得像生命一样重要，希望顾客能坐在吧台前即时享受我们提供的新鲜食物，所以常常建议顾客坐吧台的位子。不过，事实上这也成为了我烦恼的根源。

一旦有顾客坐在吧台前，就必须聊几句。“吃点什么？”“好咧，来一盘 ××！”这样的招呼我还是做得来的，问题主要还在后面。

我始终学不会如何跟顾客幽默地聊天。如果是熟客的话还好，如果是第一次光临的顾客，我真的是束手无策。

怎样才能和第一次接触的顾客聊上几句呢?

聊天话题都是活的，平时多准备一些新鲜的时事话题

首先，在顾客的第一声询问“有什么推荐？”的回答里增加补充内容 α——“这几天的时鲜是○○”之后，再加上一句“我们家的鱼都是从渔民那儿直接进货的，特别新鲜”，对食材做一点小介绍也是不错的方法。

另外，新鲜的时事话题也是人人通用的话题。“消费税真是越来越高了啊”，“是啊，不涨点工资钱就不够花了”；或是“昨天打雷打得那么凶，没事吧？”“害得我们家停电了”；又或者是“山手线好像还出事故停驶了呢”，“好像是呢。喝完酒晚点回家有借口了”。利用这样的时事话题，就可以顺利地聊起来。

需要注意的是，事故类的突发性事件要靠新鲜度取胜，最好一得到信息就尽快使用。聊天的话题也是“活物”，所以不仅要准备和寿司有关的话题，偶尔也要关注一下报纸和电视新闻里的消息，不断储备新鲜的聊天话题。

超级金句

“山手线好像还出事故停驶了呢。”

第 2 章　让事业变顺畅的聊天术（概括）

面对一脸严肃的长者，年轻人应该主动搭话

长者往往表情严肃，可是对于他们自己来说却是再正常不过的事情。尤其是老板之类的管理者更为明显。如果主动向他们请教年轻时应该掌握的工作经验，肯定会开心地跟你聊起来。

聊得最高兴的时候正是聊天应该结束的时刻

想要结束聊天，聊得最高兴的时候就是最好的时机。“正聊到兴头上，不好意思，我后面还有安排。”只要这样说明，就不会给人不礼貌的印象。相反地，如果等到无话可聊的时候再结束，那恐怕就容易给人一种“聊得比较无趣吧”的感觉。

可以保持沉默的时候也要适时地附和几句

当你被话痨包围，或是除了你以外其他人都是老朋友的情况下，你在一边保持沉默也不要紧。不过，还是适时地附和几句比较好。如果一直沉默不语，会让周围的人觉得“这家伙感觉好无聊啊”，影响大家聊天的情绪。

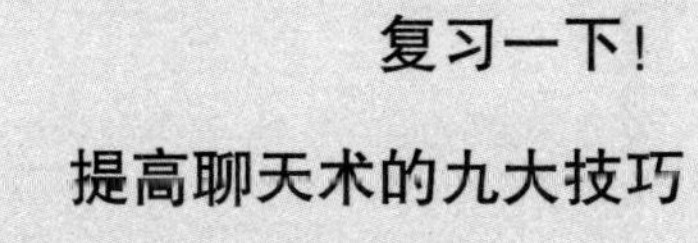

复习一下！

提高聊天术的九大技巧

提高聊天术的技巧①

称赞对方看得见的地方

苦于找不到聊天话题的时候，姑且就从称赞对方入手。没有人不喜欢听好话。

在这里，重要的不是“称赞”的内容，而是“称赞”这种行为本身。因为，这样做可以向对方传达一种信息——“这个人对我的印象挺好的”。

如果不知道应该称赞什么，可以从视线范围内的物件入手。比如，称赞对方“今天的领带很帅气呢”的话，听起来肯定不会让人不快。

提高聊天术的技巧②

首先，表示肯定或赞同

一旦否定了对方说的话，聊天就到此为止了。“昨天的电视剧真的很有趣”，当对方这样跟你说的时候，如果你回一句“不，我觉得好无聊”，那么好好的聊天气氛就被破坏光了。

就算没有兴趣，也要先表示肯定或赞同。毕竟，不可能一直遇到和自己兴趣爱好相同的人。不管自己的好恶，任何话题都能聊起来，这是一种构筑良好人际关系的技巧。

提高聊天术的技巧③

用提问
进行回应

自认为不擅长聊天的人，其实才是最适合聊天的。在聊天过程中，扮演倾听的角色，更能活跃气氛。

每个人一谈到自己喜欢的话题就会变得心情愉悦。既然这样，就让对方聊一些能让他们感到愉悦的话题吧。

这时，很有用的一招就是用提问来回应对方的话。所以，要明确眼下不是自己说话的时候，让对方尽情地聊自己感兴趣的话题。如此，从今天开始，你也能变成一个善于倾听的人。

提高聊天术的技巧④

话题比例“八二开”，做好倾听者

就像技巧③里讲的那样，让对方心情愉悦地说话十分重要，但也不能一直让对方说话，自己却一言不发。这会让对方感到不安：“到底有没有在听我说话？”

按“八二开”的比例来分配对方的话题和自己的话题则刚刚好。如果在商洽中想要获得更多有利的信息，则可以把比例调整到六四开。总之，请根据对象和场合的不同，适当地做一些调整。

提高聊天术的技巧⑤

面对提问，要一问二答

“最近在迷什么呢？”“电影。”像是这样一问一答的情况下，对话无法热烈地继续下去，还会让对方误以为“他(她)不想继续跟我聊了”。

“最近看的 ×× 很不错呢”，像这样再加上一句，用一问二答的形式对话，才算是真正地聊起来。

对话是一种传接球。不能一味地接球，也要给对方多多喂球。

提高聊天术的技巧⑥

寻找和对方的共通点，并记在心里

就像养狗的同好们一聊到狗的事情就特别来劲，如果对方和自己之间存在着具体的共通点，聊天就会变得容易得多。如果苦于不知道该怎么聊天，可以试着挖掘一下自己和对方的共通点。然后，下 次见面的时候，再用同一个话题开始聊天。

对方会因为你“记得自己说过的事情”而感到高兴，而且，还能从“必须找点话题”的压力中解放出来，彼此的关系也会变得更加融洽。

提高聊天术的技巧⑦

时事新闻的话题，要尽快使用

时事问题和从电视上播放的社会话题是大家都会接收到的信息，是大家的共通点。因为知道的人很多，所以这类话题聊起来十分方便，是一种便利好用的聊天内容。

使用时事话题时的关键是要趁新鲜尽快使用。前一晚看到的新闻，第二天马上使用，就会收到比较好的效果。随着时间的推移，事件的情况也会发生变化，所以话题的内容越新鲜越好。

提高聊天术的技巧⑧

聊聊日常的困惑也不错

“打印机好像坏了，不知道哪里出问题了。”像这种日常的疑问是十分合适的聊天话题。即使是初次见面，通过像“说到打印机，墨盒的开销很大呢！”“听说墨盒的利润很高，你知道吗？”这样的话，就可以顺利地开启话题。特别是电脑、电视、新型家电，这类产品常常在使用过程中出状况，所以是非常好用的万能话题。

提高聊天术的技巧⑨

发挥联想，拓展话题

聊天的话题并不是单纯靠数量来支撑，还可以对一个话题发挥联想，引出另一个话题，进行扩展。

比如，关于电视剧，可以把话题派生到某个导演或演员参与过的其他作品。又比如，看到做菜的画面时可以聊聊食物的话题，看到校园的画面则可以回忆自己学生时代的事情。从这个角度来说，电视和杂志之类的媒体，简直可以称得上是聊天话题的宝库。

第 3 章

让你的节日变得愉快！
与亲戚和睦相处的聊天术

闲话家常案例 1

结婚前，寡言少语的双方父母初次见面

我准备和正在交往的女友结婚。我们决定在一家酒店的餐厅约见一下双方的父母，算是打个招呼并见面聊聊。

双方的父母自然是初次见面，可不巧的是，我的父母和她的父母都是寡言少语的类型。

如果我不积极地寻找话题的话，总觉得双方的父母很可能会在自我介绍完成之后就一言不发，最终以沉默收场。我真的有些着急了。

有没有什么话题能够引发双方父母的共鸣，让餐桌变得

融洽热闹，而且还能提高双方父母对我们两人的好感度呢？

用童年时期的话题，引导父母谈论往事

我常常认为，一个人在闲话家常时，可以反映出这个人的人性和社会性。冷场时的应对方法、言谈方法堪称是判断一个人的石蕊试纸。

问题中的场景的确是一个非常尴尬的情况，但反过来，也可以说这是一个能够向她的父母展示“你是一个可靠的男人”的机会，是一个可以提升你的人格魅力的机会。

推荐尝试的是你们自己童年时代的话题。不妨可以试着问问看她的父母 “某某（女友）小时候是什么样的？”这种童年时代的问题，或者坦白一下“我小时候可爱哭了，连父母都觉得惊讶呢”这种童年时代的趣事。这种对往事的回忆想必也会产生不少话题。一开始就准备好你们两人小时候的照片或相册的话，也许可以成为找话题的很好的工具。

超级金句

“某某（女友）小时候是什么样的？”

注意 **事先和女友好好谈谈，让她可以随时附和你的话题。**

闲话家常案例 2

亲戚老是催我们生孩子，真的很头疼

我们前年年底刚刚结婚，今年是新婚第二年。

之前春节时我和先生回他的老家，正好有他家亲戚的聚会，我也第一次参加了这个聚会。

有些亲戚没能来参加我们的婚礼，因此我也和他们打了些招呼，但让我为难的是，大家都异口同声地询问我们“怎么还不生孩子”。

对我而言，我还有工作，暂时还不想要孩子，和先生也约好了“暂时再享受一下两人世界”，对双方的父母，

我们也都说过晚一点再让他们抱孙子。

但是亲戚们的这个问题问得实在太过频繁，让我很想换一个其他的话题。有没有什么话题可以避免冷场的尴尬呢?

将问题重复一遍，模棱两可地切换话题

向女性提出这么粗神经的问题，真是让人头疼啊。很想回他一句“多管闲事”,但这种情况正是衡量你的气度的时刻。

比如说，我们可以将问题重复一遍后切换话题。有人问“还没怀上吗？”的时候，就可以说“其实我也一直在想什么时候能怀上呢”，“问题很多很复杂”来敷衍过去。

聊聊祖上的话题也是可以的。例如“曾祖父是个什么样的人呢？”或者“您家可以追溯到第几代呢”之类的话题。也可以通过“某某现在怎么样了？”这样的问题来转移到其他亲戚的话题上。

超级金句

“其实，我也一直在想什么时候能怀上呢！”

闲话家常案例 3

姐姐老抱怨育儿生活，好想换个话题

先生的姐姐一家搬到了附近的公寓里。我和他姐姐都是全职主妇，所以有时候也会碰面，一起喝茶或者吃午饭。但是最近，姐姐的话题尽是有关育儿生活的抱怨。

从“老公老是忙工作，都不肯帮忙带小孩”这种对自己先生的抱怨，到“完全没有自己的时间”这种对自己的生活状态的抱怨，一个劲儿地说个不停。

老是说这些消极的话题，连我自己的心情都变得不好了，但又因为是亲戚，也不好意思经常打断。我和先生还

没有孩子，也无从提出建议，真是非常头疼。

不要否定，一边表示肯定，一边转移话题

爱抱怨的人，大部分不是真的想要建议，只是有一种强烈的“想要被倾听”的倾诉欲。一开始就加以否定或回应冷淡的话，对方也会觉得无处容身，还会为亲戚关系带来负面影响。因此，这种情况下必须要遵守的就是“不要否定对方的抱怨”。

但是，如果你的应对过于积极的话，可能会对对方造成“这个人愿意听我抱怨”的印象，反而造成相反的效果。那么我们要怎么做呢？用“表示共鸣，然后转移话题”的姿态与她接触吧！用“姐姐真是不容易啊”“压力肯定很大吧”这样的句子来回复，通过这种表达共鸣的方式来帮助对方排解心里的压力吧。如果对方继续滔滔不绝的话，也可以将话题转移到电视、电影、时尚等欢快的话题上。也可以让对方教你厨艺，指导你做一些不需要花太多时间的菜。

超级金句

“姐姐真是不容易啊！”

闲话家常案例 4

可爱的侄子升初中后变得很冷漠

侄子今年 13 岁了，每年春节回老家时都会见到他。

小时候，侄子很可爱，我们的关系也很好，等他升了初中以后，不知道是不是因为长大了，现在变得冷漠了很多。

对我来说，长大了他也依然是个“可爱的侄子”，但对他来说似乎却不是这样。不管我说什么，他的回复永远都是“哦”或者“没什么”这种好像嫌我很烦的冷漠回答。

我也很想和他谈谈学校、恋爱等话题，但对话总是很难继续下去。我们已经不能像以前一样交流了吗？

多注意一些“13 岁的男孩子”会感兴趣的话题

随着社会的发展，初中生、高中生、主妇、上班族、老人这些不同年龄、不同社会角色的人有着不同的价值观，关心的事情也不一样。所以，闲话家常的话题最好要从符合对方价值观的领域中选择。

这种情况中，只要提到一些初中生会关心的话题——漫画、游戏、娱乐明星、运动等——反应就会大不相同。例如，“我最近迷上《怪物猎人》了，你玩过吗？”或者“某某足球明星好帅啊，男孩子里也很有人气吧？”还有，不妨也可以问问他的父母，他的兴趣爱好是什么。

13 岁的孩子已经是初中生，不再是小小的“男孩子”，也到了和成年人（尤其是女性）说话时会害羞的年龄。即使是冷漠的回应，对于当事人而言，也许也是他的对话方式。这种时候，我们就不要勉强，尊重对方的节奏，慢慢地和他接触吧。

超级金句

“某某足球明星好帅啊，在男生中很有人气吧？”

闲话家常案例 5

岳父不擅长说话，怎么和他和睦相处？

太太的父亲是个木匠师傅，和这个职业一样，岳父是个有些笨拙不擅长说话的人，但他也是个非常认真的人。

可是我是理工男，毕业后进了大学的研究室，后来又进了企业从事研究工作，一直都是在不太需要打点人际关系的环境中生活，笨嘴拙舌这一点上比岳父更加严重。

因此，我和岳父说话时，始终都只能聊一些“工作忙不忙啊？”“这里比东京冷吧”之类的老生常谈，再没有其他的谈话内容。但岳父和我太太倒是经常聊天。其实，

我内心也很希望和岳父聊一些轻松的话题，但总是会变得非常生硬……

最佳话题永远是孙子，事先留意岳父的关心事项

不亚于婆媳问题的就是岳父和女婿的问题。不少男性也烦恼于和岳父的交往方式。当岳父和女婿都是不善于谈话的性格时，这个问题就更加麻烦了。聊天中的黄金法则是八成对方的话题加两成自己的话题，但双方都不善言谈时就不必局限于此。这种情况下，应该由你来主导谈话，只要能够打破这个尴尬的氛围，就很可能营造和谐的关系。

有孩子的话，最强有力的话题就是外孙了。“前阵子孩子在运动会的跑步比赛里拿了第一名呢”“女儿每次放假都说想见外公”等，将孩子的近况作为谈话的材料就可以。没有哪个外公会不愿意听外孙的事情。

另一个不会落空的方法就是事前从太太处问出岳父的兴趣爱好，并把这个作为话题。当然，最初的聊天还是以你为主导来进行谈话吧。

超级金句

“女儿每次放假都说想见外公。”

闲话家常案例 6

婆婆在电话里说个没完，有解决方法吗？

先生的母亲是个温柔又很会照顾人的人，唯一的缺点就是很喜欢唠叨。回老家见面时，说起来可真是停都停不下来。

平时也是，一不小心接起婆婆的电话之后，基本上就有两个小时没法放下听筒了。

但是，说话的几乎都是婆婆，我基本上只是“嗯嗯”“是啊”“好”地随声附和。

到最后，婆婆还会说“你真是不爱说话呢，我也想听听你说话呀”，但那肯定是不可能的。

像这样一说起来就停不下来的婆婆，我要怎么样才能巧妙地熬过这种对话呢?

假装遇到不得不挂电话的情况

想要控制爱说话的人内容时，关键就是“附和”时的用法。在使用“嗯嗯”“哦哦”这种短句子保持节奏的同时，如果能在话题的关键处加上一些类似“好厉害啊！”“原来是这样啊！”“是这样的吗”“不愧是……”这种反应，想必婆婆也会心情愉快，从而提高对你的好感度吧。

那么，问题就在与如何打断这些话题。在这里，我们就要“假装”一些不得以的情况，例如用“啊，我得去银行汇个款”“糟了，汤要沸了”“哎呀，好像有快递来了”“不好意思啊，正说到一半呢，那我先挂啦”这种句子来终止对话。这也是只有电话中才能使用的手段。

撒谎也是权宜之计。如果是这些情况的话，对方也能觉得“算了，没办法”。挂电话时如果能加上一句“有时间的话一定要再聊哦”的话，那就更加技高一筹了。

> **超级金句**
>
> “哎呀，好像有快递来了。”

闲话家常案例 7

婆婆爱干涉我对儿子的教育，我很想敷衍过去①

最近，婆婆总是借口“想见孙子，想看看孙子”频繁地来我家。

我很感激婆婆对我儿子的喜爱，但有些事也让我觉得很有压力。因为婆婆最近每次见面都会说一些对我家的教育指手画脚的话，“他已经 2 岁了，再不准备私立小学的入学考试就晚了吧？”“现在一定要让他去上英语课了”“他现在上的补习班，档次是不是太低了点？还是换一家吧”。我和先生说了，先生也只是说“随她去吧”。

有没有什么办法可以把婆婆的这些教育言论敷衍过去呢？

不要否定也不肯定，判断是否含有信息量

要是能直接说出“我家有我家的教育方法”的话，大家就都省心了。这里最重要的，是要一直说“的确”。“的确，好像要准备入学考试了哦”“的确，学习英语很重要啊”。“的确”是个既不否定也不肯定的极为方便的词。

当然，婆婆介绍的补习班如果真的很好的话，也有考虑一下的价值。毕竟有时候，婆婆说的也会是正确的。

关键在于婆婆说的只是抱怨，还是真的是有价值的信息，你可以根据不同的态度采取不同的应对方式。说到学英语的话，你不妨问一问：“婆婆，您知道什么好的英语补习班吗？”

当问到具体名称时，没有信息量的人会短时间地沉默。如果她说“还没想到那么深入……”的话，就用“的确”来敷衍过去。如果她举出了“某某如何？”这样具体的名称的话，也许就可以探讨一下这个方案是否可行。

超级金句

“的确，好像要准备入学考试了哦。”

闲话家常案例 8

婆婆爱干涉我对儿子的教育，我很想敷衍过去②

上一个问题的后续——

婆婆总爱对我家的教育方针指手画脚，总是说些“现在就应该让他去读补习班”“赶紧准备小学入学考试”这样的话，看上去对教育非常热心，但对她的建议加以追问之后，发现她似乎并没有什么具体的信息，只是单纯地在抱怨。我也一直用“的确需要哦”这样的态度敷衍着她，但不久前婆婆却怒不可遏地指责我，根本没有认真地听她说话。

最近，我甚至觉得她其实并不在意我儿子将来的发展，而是单纯地想对我这个媳妇指手画脚。有什么办法可以回避婆婆的攻击吗？

用大量外来词和专业术语来糊弄对方

实在忍无可忍时，也可以干脆利落地用“我家有我家的教育方法！”这种话来进行暴力治疗，但考虑到今后的关系，这种方法的风险还是太大了。

如果能够承受风险的话，还可以使用“糊弄”的方法。比如当婆婆说“让他去念补习班”时，你可以说一些诸如“如今已经是教育多样化的时代，我会把这作为一种 alternative（备选）去考虑”，“这个补习班会作为 BATNA（最佳替代方案）考虑”这种你自己也许也不太明白的词汇，营造出一种“如今是这样的时代哦”的氛围。婆婆如果听得云里雾里的话，她的气势也许就会减掉大半。我们还可以使用“这家补习班的档次比较高，但没有一对一的辅导。这家是这样的，那家是那样的”这种主动传播大量信息的方法。如果对方没有信息量的话，很可能就会以“好了好了，知道了知道了”收场。

超级金句

“如今已经是教育多样化的时代，我会把这作为一种 alternative（备选）去考虑。”

闲话家常案例 9

公公的口头禅很消极，我总是不知道怎么接话

最近我很烦恼，不知道要怎么回答公公一些不知道是不是玩笑的措辞。公公今年 70 岁，婆婆 68 岁了。

婆婆喜欢门球、游泳之类的运动，是个活泼开朗、精神也很年轻的人，但公公曾经有过心脏方面的疾病，之后就一直没什么精神。

我们有时候回老家，公公就常会说一些“再过几年我就不在这个世界了”“搞不好这就是最后一个春节了”之类的不吉利的话。

考虑到他的年龄，听上去也不像只是玩笑，所以我不

知道要如何回答。

请问这种情况下，该怎样接话呢？

爽朗而温和地回应

这种情况也挺常见的。但仅从问题内容来看的话，这似乎只是日常对话中的过度用语，就当它是口头禅、“惯用句”吧。话虽如此，我们也不能回复说“对哦，马上就要离开这个世界了”，可以这样接话的只有夫妻或亲生孩子，作为儿媳妇还是不能这样回答的。

这种情况下，我们没必要烦恼如何回答，一句普通的“怎么会呢”就足够了。对方说“不知道还看不看得到明年的樱花”时，只要回答一句“怎么会呢，下次我们再一起去看花吧”，就可以结束这段对话了。所有的人都担心死亡的来临，年纪大了肯定就更是如此。所以想必也会有先把担心的事说出嘴，借此来缓解压力的因素在吧。而且，如果我们给予过多的反应的话，也许反而还会导致对方的失落。下次我们就用“哎呀公公，您怎么又说这种话呢”这种爽朗又不失温和的句子来回应吧。

超级金句

“哎呀公公，您怎么又说这种话呢！”

闲话家常案例 10

葬礼后的开斋日，如何寻找合适的话题？

一直因病住院的伯父病故了。接下来会有守灵、告别式和葬礼。在此之前，我也参加过好多次葬礼，葬礼之后的净手、开斋宴，对于我来说是一件难熬的事情。

这是和故人最后的告别，我也很想珍惜这样的仪式，但却总是找不到话题。

别人和我说“可以聊聊故人的往事，不用太紧张，放松就可以”，但亲戚和不认识的人那么多，氛围也和婚礼不同，比较沉重，有时候和故人的交情也没有深到有往事可聊。

这种宴会上，不失大体也不用徒增伤悲的话题是什么呢？

听与故人交情深厚的送殡人讲述往事

葬礼是一种不太频繁的特殊机会，因此不需要考虑得太深，最好的方法还是安静地度过。但当故人是亲戚时，葬礼有时也会成为亲戚间谈论近况的场合。很多时候，开斋宴就在这样的话题中结束了。谈话的内容也就是类似“好久不见，现在在做什么呢”，“现在被公司派驻到名古屋，一个人去的。某某是在东京吗？”这样的内容。

但是，这样的内容既不算僵硬也不算失大体。因为很多情况下，开斋宴上不会聊到有关故人的话题，仅仅只是谈论近况就结束。

如果和故人交往不深的话，还可以听故人的亲戚或交情深厚的人讲述往事，可以问“某某（故人）平时是个什么样的人呢？”有时候还能够从别人讲述的话题中了解到故人的秉性和你所不知道的一面。这是一种安慰，也是一种祭典的方式。

超级金句

“某某（故人）平时是个什么样的人呢？”

闲话家常案例 11

父母一看到我就催婚，好想转移话题

一转眼，迈进 30 岁也有几个年头了，最近父母的逼婚压力越来越大了。

因为现在在自家和父母同住，所以父母一逮着机会就会说些“你要是有个合适的人就好了”“差不多也该定下来了”“总归有那么个有意向的人了吧？”“不知道到什么时候才能抱上外孙啊”之类的抱怨，有时候还会唉声叹气。

别人是别人，我是我，我倒是不着急，但老是说这种话的话，总是有点腻烦。所以，我很希望在出现类似话题

的苗头时就转移话题。我要怎么做才好呢？

爽快地告诉父母，其实你并不是不想结婚

我也很明白你的心情，但我也更加明白你父母的担忧。所以控制住你想要说“别管我”的心，轻描淡写地告诉父母你也是想要结婚的，只是不巧没有合适的对象而已。你可以说：“只要有合适的人，我也想马上成家，但这种事情得靠缘分，急也没用。”

如果你现在完全没有那个打算的话，就要避免正面交锋，最好的办法是爽朗地回应。要转移话题的话，可以选择父母的健康问题。“爸爸（妈妈）最近身体怎么样？”这个问题就能很自然地引出谈话的内容。

超级金句

“只要有合适的人，我也想马上成家，但这种事情得靠缘分，急也没用。”

超级金句

“爸爸（妈妈）最近身体怎么样？”

闲话家常案例 12

很想和公婆说话，可是他们的方言口音太重了

我和先生是大学同一个社团里认识的，毕业之后结婚已经三年。我是东京人，先生则是青森人。先生的父母也都是很好的人，对我来说，先生的老家就是我第二个家。

但这里也有一点点的问题——公婆的方言口音太重了。尤其是公公在喝了酒以后，完全听不懂他在说些什么。

总是问"什么？""你刚才说了什么？"的话又觉得很失礼，所以只好用一些模棱两可的回答，加上对话题走

向的推测和先生的“翻译”，才能勉强过关。

想要翻越这种语言鸿沟的话，我要怎么做才行呢？

好奇心也能提升聊天的能力，要学会享受方言的乐趣

通过模棱两可的回答来过关，这种方法并没有错。但俗话说“入乡随俗”，何不享受一下方言的乐趣呢？方言的韵味是一种难得的美妙元素，我觉得你可以趁此机会学会先生老家的方言。这种好奇心也是推动聊天氛围的要素。

你可以尝试在对话当中直率地插入例如“刚才您说的‘×××’是什么意思啊”这样的问题，即便是说方言的人，也是可以将这句方言的意思解释清楚的。

例如当对方告诉你“侬”就是“你”的意思时，也可以试着立刻使用一下，比如问问看“侬吃不吃晚饭啊？——这种用法对吗？”这也能让对方对你产生一种好印象，认为你是一个愿意接近他们的好媳妇。

超级金句

“刚才您说的‘×××’是什么意思啊？”

另外，也可以事先让先生教你几个简单的词汇，然后尝试在对话中使用。

闲话家常案例 13

如何和沉默寡言的大姑子和睦相处?

最近，我很为与先生家人的相处而烦恼。我与先生的父母相处得都还不错，但问题在于先生的姐姐。

大姑子现在单身，在父母家与父母同住，也不知道是生性冷淡还是不喜欢我，又或者是对我没有兴趣，总之就是即使见面也完全找不到话题。

中秋节去先生老家时，大姑子也几乎没从房间里出来过。即使出来碰上我，也只是点头示意。吃饭时，她也基本上保持沉默，不参与我们的谈话。

虽然不是亲姐妹，但也算是一家人，我很想和她进行一些友好的谈话。怎样才能和这种沉默寡言又对我没有兴

趣的大姑子和睦相处呢？

看她是否是天性沉默寡言，对症下药

首先，很重要的一点是观察她，究竟是只对你一个人沉默寡言，还是对别人也一样沉默寡言。对谁都沉默寡言的话，就说明这个人其实就是个沉默寡言的人。对于对方来说，沉默才是最自然的，所以配合她就好。偶尔对她说两句“说来那件事——”这种程度就好，即便沉默也不需要太在意。

问题在于如果对方只是对你沉默寡言的话，这就是一种“对你没有好感”“故意保持距离”的想法的外在表现。很多疼爱弟弟的姐姐都认为“弟媳”不是一个令她们愉快的存在。因此，你也只能接受“与姑姐的尴尬是结构上的问题”这个现实。

吃完饭一起收拾时，可以时不时地用“这个我来收拾吧”这种句子来搭话。尽管只是同样在做同一件事的两人之间的对话，也足够维持与对方的关系了。

超级金句

“（收拾碗筷时）姐姐，这个我来收拾吧。”

闲话家常案例 14

面对唯一的未婚女性时，如何谈论婚姻问题？

最近亲戚中间有了一股结婚潮，从我开始，几个要好的表姐妹大多都定下了婚事。

而亲戚中只有一个堂妹还是单身。她是个好姑娘，也很想结婚，但不知道是缘分未到还是缺乏与异性接触的机会，一直单身到了现在。

今年过年时，亲戚们一起吃了一次饭，在她面前很难谈论我们的婚姻生活。有些夫妻间的问题想听听大家的意见，但在她面前也很难开口。

太在意她的感受的话，估计有点奇怪，但粗神经地讨

论我们自己的话题的话，又显得有点太随意。

这种时候要怎么开口呢？

婚姻生活中的问题，可以不用顾虑地大胆去说

在没结婚的人听来，已婚人士的婚姻生活未必就是那么让她们不愉快的。已婚人士的日常生活只是一种“真实的生活”，与“能否结婚”是完全无关的不同问题。所以，讨论婚姻生活并不会伤害到未婚的对方。倒不如说，婚姻生活的烦恼对未婚人士来言，反而是一种很重要的参考信息。未婚人士也许对婚姻生活很感兴趣呢。

所以，你没有必要太过在意，大可以坦诚地谈论婚姻问题，比如可以问“我家最近……，这种情况很常见吗？”

但希望加以注意的是奢华的婚礼话题，或“我结婚了”这种炫耀性的话题，以及最好能够避免讨论“我家孩子真可爱”的话题。因为很多单身人士比起丈夫更想要个孩子。“养孩子真不容易，但是好可爱”这种话题对她们来说也许会很难受。

超级金句

“我家最近……，这种情况很常见吗？”

闲话家常案例 15

和女儿说话的机会很少，偶尔碰面也无法聊天

我是普通公司的中层管理人员。进入公司以后，我的每天都被工作所填满，加班几乎是常事，有时候回到家都已经超过半夜 12 点了。

因此，我和高中生女儿尽管生活在同一个屋檐下，但每个月也就能碰两三次面。最近两年，我和女儿都没有正经说上什么话。

周末女儿在家的时候，我想增加一些父女间的对话，但每次想要和她说话的时候，都完全不知道她这个年龄感

兴趣的话题，甚至还有种奇怪的尴尬。总之，我们之间没办法好好谈话。

女儿和太太关系似乎还不错，但父女间长此以往的话几乎就是断绝关系了。那么，我到底要说些什么好呢？

和她分享一些“与女儿本身的话题无关的话题”

太想要沟通时，如果采用“学校怎么样”“朋友们相处得怎么样”这种刑讯式的问法，只会让女儿敬而远之。我们不妨找一些与女儿没有直接关系的第三人称话题吧，用一些第三人称、“女儿会更熟悉”的问题来提问。如果女儿是偶像组合的粉丝的话，就可以让她告诉你一些“叫什么名字？”“最有人气的是哪个？”之类的信息。下次就可以提到一些“这是 ×× 君吧，脸和名字逐渐对得上号了”，“他之前演了 ×× 电视剧吧，很帅嘛！”这样的话题，即使能聊的内容有限，也足以缓和氛围了。

当然，“那种人有什么好的”这种否定句是要加以严禁的。不仅限于偶像，对于女儿感兴趣的事都要多加留意，也不要过于蛮横，平时父女之间多共享一些话题就可以了。

超级金句

“这个组合里，最有人气的是哪个？”

闲话家常案例 16

女儿反应很冷淡，跟她说什么都嫌烦

我有一个马上就要读初二的女儿，最近女儿对我态度非常冷淡。不管和她说什么，回复都是“嗯嗯”或者“哦哦”。这倒也罢了，有时候她甚至还会说“烦死了，走开啦！”“真烦”之类的，厌烦情绪似乎不止一点点。

读小学的时候，女儿还会很开心地把学校里的事讲给我听，现在却是一句“跟老爸你没关系”就结束了，连争执的余地都没有。

女儿倒也不是特别叛逆，她和太太（她妈妈）就经常

聊天。我也很想多进行一些父女之间的对话，这个年龄的女孩子都是这样的吗？

要认识到，青春期的女儿会本能地回避父亲

女孩子随着年龄的变化，谈话也会出现变化。女儿现在和你没什么话题，但等女儿年纪大了，又会和你产生其他的话题。现在的状态是她这个年龄所特有的状态。全世界的爸爸都和青春期的女儿难以沟通，这么想的话，你的心情也会轻松一些。甚至还有一种说法，说女性在成长期会在生物学上表现出回避父亲的特征。“老爸好烦好讨厌”这种现象，就当作是女儿成长的证明吧。

但是作为家人，我们也有着一种可以讲述自己想说的话的特权。太过顾虑的话，也会造成和女儿关系的疏远。你可以强势一些，告诉她“有沟通有交流的才是一家人嘛，简单的交流还是要的”“父母有权利和女儿说话，女儿至少也有和父母沟通的义务”。

超级金句

“有沟通有交流的才是一家人嘛，简单的交流还是要的。”

闲话家常案例 17

作为唯一的大学生，如何应对亲戚的冷言冷语？

每年过年，我都会回父亲的老家。每次过年的时候，都要和亲戚们聚会，但我总是无所适从。

原因在于我的学历。亲戚间，本科毕业而且去了东京工作的只有我一个。因此，亲戚们总是把我有些夸大地定位在“才女” 的角色上。

诸如“你那么聪明，赚得肯定也不少吧，不像我们没什么学问，穷得很”，或者“我们都没文化的，说得简单点嘛”之类的话，我是经常听到的。

我也觉得很烦，不想参加这种宴会，但亲戚间的关系还是要维护的，所以也没办法避免。

这种对话，我要怎么回应才好呢？

在话题转移到自己身上之前，先提出其他的话题

会被冷言冷语加以嘲讽，是因为你的存在过于显眼了。那就尝试着率先提供一些可以抹消你的存在感的话题。最方便的就是亲戚们的近况话题。先提一些类似“那个很凶的叔叔最近怎么样了啊？”“话说，××的女儿是不是已经工作了啊？”这样的话题，避免话题转移到自己身上。营造出一种“难得聚一次”的氛围，将话题引导到诸如“××的奶奶好像有了第七个孙子了哦”“××好像和医生结婚了”的内容上，这样一来能够拖延很多时间。

另外，坐到和颜悦色的爷爷或者疼爱自己的奶奶这种自己喜欢的人身边，在那里聊天也是一种办法。不管怎样，亲戚们济济一堂的宴会一年也就那么一次，就把它当作修行场所吧。这样心情也会轻松一些。当然，面对那些找麻烦的人，微笑着先说一句“来喝一杯吧”，也是有效的方法。

> 超级金句
>
> “话说，××的女儿是不是已经工作了啊？”

闲话家常案例 18

亲戚家的小孩落榜了，如何应对？①

这是前些日子因为有事去了一趟先生老家时的事。

正好大姑子一家来我家，就一起吃了个晚饭。但是大姑子家的大儿子参加了私立中学的考试，不幸落榜了，所以那一家人都非常消沉。

落榜的孩子自己消沉也就罢了，他的妈妈——我的大姑子也是一副世界末日的表情，先生的父母看上去也对这两人非常在意。

我家也有个同龄的儿子，但我家对考试本身没什么兴趣。尽管这样，我也没办法说出“公立学校不也蛮好的嘛”

这样的话，随随便便鼓励他们似乎也显得很没诚意。

这时候，应该怎么谈话才好呢？

最好的原则是“不要提及考试”

对于这位大姑子，最好的对策就是先避免提及考试相关的话题。对于别人神经过敏的话题，最好连皮毛都不要提及。将即时且难以谈论的话题放在一边，故意聊一些与这种话题无关的内容。这也是对话的精髓。

如果事与愿违，还是变成了考试相关话题了的话，你也可以选择用时下的话题或名人的话题来回应，诸如“××很厉害啊，但是他为了准备考试好像也吃了不少苦”，“波士顿红袜队的上原投手就是因为19岁的时候大学落榜，为了不忘记19岁复读时的自己，才在巨人队的时候选择了19作为自己的球衣号码”。像这样谈论一些含有“那个成功人士也曾有过低谷时期”蕴意的话题也是可行的。故意不直白地说出“所以你要加油哦”这样的话，而是将鼓励的情绪明朗地传达给对方，这也是一种成年人的应对方法。

超级金句

“××为了准备考试好像也吃了不少苦呢。”

注意 **搜集一些逆境重生的名人话题，在其他场合也能用到。**

闲话家常案例 19

亲戚家的小孩落榜了，如何应对？②

上一个问题的继续——

为了避免伤害大姑子考试落榜的儿子，我故意避开了考试的话题，将无关紧要的内容作为了餐桌谈话的主题。我还说了一些历史上的伟人过去曾经失败的故事，自己觉得已经是绕着弯子在鼓励他了。

但是，外甥的消沉却不是一星半点。我是在避免轻易地鼓励他，但外甥看上去实在太可怜了。作为亲属，我也想直接地鼓励一下他，这种场合的话要怎么说才好呢？

我也不想因为自己说错话而更加伤害到他。请给我一些建议。

不要以自己的口吻去说，而要借由权威人士之口

中考的专业家教西村则康曾经说过："因为是考试，所以会有人落榜，但挑战的经验，敢于冲刺巅峰的勇气，以及为此而积累的努力，这些过程也有着重大的意义，以后这些意义一定会发挥他们的作用。"

我的看法也是"中榜落榜是其次，参加考试本身就有其意义"。比起有些顺顺利利考中想去的学校，从此放松了警惕的人，更多的成功案例反而出现在经历了落榜的懊悔，并将它们当作通往下一步的基石的人身上。不妨可以将这些观点以"明治大学的教授是这么说的""中考的专业人士在书上这么写的"的方式告诉他。

如果将这些观点作为自己的想法阐述的话，有可能也会导致对方阐述"你懂什么？"的情绪，所以才要借助第三人的名号。以"× × 先生这么说过"为开头的鼓励的话，对方应该也会坦率地听取。

超级金句

"挑战本身就有其意义，这是 × × 老师在书上写过的。"

闲话家常案例 20

面对顽固的爸爸，总是没办法好好交谈

从来到东京的大学读书起，我就离开了老家，租了公寓一个人生活，现在已经 3 年了。

离开老家之前，爸爸强烈主张“绝对不允许年轻女人一个人在东京生活”，我则和这样的爸爸常常吵得不可收拾。

以前，我是非常讨厌顽固又迂腐的爸爸的，但是现在离开父母身边独自生活的时候，时不时地会非常想念他们。

但我回老家时的交流，还是非常的僵硬。

想说的话有很多，但是不知道要说些什么。以什么样的话题为开端会比较好呢？

什么话题都可以，谈一些日常的琐事就很好

爸爸应该也非常想和你交流才对。所以，平时有时间的话，就给他们打电话吧。如果爸爸想说话的话，就让他说，你只要“对啊对啊”地随声附和就可以了。爸爸也许会因为过多的担心而不停地提醒你注意这个、注意那个。“××很危险的”或者“不要玩到太晚回家”之类的，但这也是一个希望“与女儿的生活有关联”的父亲极为自然的举动。

所以，没有必要烦恼“用什么作为话题”。不要想太多，随手找到的话题就可以。

回老家时，你也可以说些诸如“大学里有个很有意思的老师，昨天……”这种对于自己而言是现在进行时的琐事作为话题。因为正是一些“明明离开很久了，本不应该谈论的琐事”，所以才能让父亲产生一种女儿现在也和自己生活在一起的心情。父亲都会为此感到喜悦的。

超级金句

“大学里有个很有意思的老师，昨天……”

闲话家常案例21

女友的父亲很难相处，怎样才能赢得他的欢心？

我有一个认真交往的女友。前段时间，我们交往以后第一次去拜见了她的双亲。

用她的话来说，她的爸爸堪称“超级”迂腐的老头，而且从很久以前就是个顽固老头。这种描述把我吓得够呛，但还是小心翼翼地去了她家。

果然，一开始，顽固老头就给了我们一个下马威。我们特意按照定好的时间抵达，分秒不差，结果她的爸爸劈头就来了一句：“这在社会上可行不通，抵达时间一定要比约定的时间早至少十五分钟！”考虑到接下来的谈话，实在是眼前一片漆黑。

想和这种很难相处、顽固的女方父亲和睦相处，要谈论什么样的话题才好呢?

有专门应对老顽固的有效固定语句

女友的爸爸的言论类似于强词夺理，但这时候还是要压制住这种想法，正确的做法应该是说一句“考虑不周，真的是非常抱歉”，老老实实地道歉。但是没必要低声下气，因为对方并不一定是真的不高兴了。要知道，面无表情是那个年代特有的表情。

与这种父亲对话时，比起闲聊，更重要的是先说明自己是什么人，以什么样的态度在和对方的女儿交往。这种重视顺序和形式的老顽固，最爱听的必杀台词就是“合乎情理”和“按照顺序”。一句“要交往的话还是要好好按照步骤来”“因为开头很关键，所以我想先来打个招呼”，会让准岳父对你大大加分，让他觉得你是一个“重视这种事情的年轻人”。要举例来说的话，就当作是找工作面试时的自我介绍一样对待就可以了。或者，事先向女友打听岳父的喜好等，以此作为话题也是可以的。

超级金句

“我们想按照步骤，一步一步地交往。”

第3章　与亲戚和睦相处的聊天术（概括）

亲戚欢聚一堂的时候，要聊一些祖先或彼此近况的内容

与一些平时不太见面的亲戚交谈时，经常会不知道谈什么好。因此，这时最自然的做法就是将“亲戚”作为话题。聊一些有关祖先或远亲的话题，会出乎意料地让氛围融洽起来。这样还能让你了解自己的根源，堪称一举两得。当然，互相交谈一些彼此的近况，也是完全可以的。

对于叛逆期的孩子们，要聊一些他们喜欢的话题

年龄不同，他们又可能处在叛逆期，要想和十几岁的人和睦相处实在是很难。这种情况下，建议可以问一些对方感兴趣的话题。用询问的口吻问一些那个孩子喜欢的明星、艺人或者漫画，他们也一定会乐于告诉你。

让你不快的话题也要先接受

与岳父母、公婆或者姑嫂之间的关系总是很敏感的，和睦相处自然是最好，但也有关系不太好的情况。比如说有关育儿方面，即使有一方指手画脚地说一些无理取闹的怨言，基本上也只能用“的确”来接受。温和地化解它们吧。

第 4 章

让你和喜欢的人更亲密！

有助于恋爱的聊天术

恋爱聊天案例 1

如何和异性愉快地聊天？

空窗时间越来越久了。

我也不是缺乏和男性结识的机会，但我烦恼的是无法和男性聊他们感兴趣的话题。

哪个球队的主力队员转会到了巨人，今年的 F1 方程式赛车用了什么引擎所以特别厉害，男人开的车果然还是要 ×× 之类的……

对于这些男性感兴趣的话题，我也不是完全无所谓，但就是完全没有兴趣。但是，男性还是喜欢能够聊得起来这种话题的女性的吧。

说实话，有没有一种秘诀可以奉陪这种自己没有兴趣的话题呢?

用让对方教自己的姿态来创造谈话的契机

的确，男性和女性的兴趣爱好是截然不同的。但如果用“不知道”“没兴趣”来拒绝的话，就有可能错失良机。

不知道的话，就可以让对方来教你。比如棒球，你可以通过“今年哪个球队比较强呢?”“FA（自由球员）是什么意思啊?”“好想亲眼看一次球场啊”这样的话题，让对方告诉你棒球的魅力所在，创造交谈的契机。

两人的兴趣爱好完全一致的“天造地设”，是没那么常见的。互相理解对方的不同的世界并加以认可，这才能够深化人与人之间的关系。

不要因为自己的个人喜好就对话题加以拒绝，而要对不同的世界怀有好奇心。乐于探索未知的世界吧，这种态度才能够让聊天更加融洽。

超级金句

“好想亲眼看一次球场啊。”

恋爱聊天案例 2

面对爱吹嘘的男性，如何转移话题？

最近在联谊会上经常遇到一个老是吹嘘自己工作的男人，我很苦恼，不知道如何回应他。

“前段时间的活动上跟女演员 ×× 变成了好朋友。”

“毕竟这可是个上亿的项目， 不能失败。毕竟公司的命运可是背负在我身上的啊！”

“最近老是去国外出差，都快忘记日语怎么说了。”

他可能觉得这是抬高自己身价的最好办法，但说实话老是这样真的很烦，女孩子们也对他敬而远之。

这种显摆男为什么总是滔滔不绝呢？但是如果联谊会上只和女孩子说话的话，又觉得有些奇怪，既然都来了，

我想聊些能让气氛愉快起来的话题。

那么，我要怎么转移话题呢?

反问对方是否在显摆，来削弱对方的气势

总是说自己的事情，就是想显摆自己。这种男性已经是婴儿或者幼儿的级别。这与小孩子追求的“妈妈，我会这个了！”“好厉害哦”的这种对话是一样的。这时候我们需要认清对方就是一个“只爱显摆的小孩子”，所以最好的办法就是不把他当一回事。

为了打断这种显摆的话题，一种有效的方式是笑着问他:“呃，你是在显摆吗?”这样，对方的显摆欲就会被削弱，可能会弱化成“哎呀，不是显摆……”

另外，对于这种显摆的话题，你也可以采取省电模式，“切断谈话的电源”。比如“哦，好厉害哦。”“是嘛。”这种平淡的回答，把你不感兴趣的情绪传达给他就可以了。

只要想到以后在女孩子们的聚会上能把“碰到了一个爱显摆的男人”当作话资，就用这样的心情去回应他吧。

> **超级金句**
>
> “呃，你这莫非是在显摆?”

恋爱聊天案例 3

约会时，
不能说的话题是什么？

有生意往来的男性销售员向我们发出了邀请，我就和 4 位同期的朋友一起参加了联谊（相亲聚会）。到了这个年龄，我是第一次参加联谊，但也因为大家都是同一个行业的，所以氛围比我想象的融洽得多。

但是，当别人问到“××小姐（就是我）你今年的目标是什么？”的时候，我不小心回答了一句“想结婚”，于是事态急转直下。

我只是随口一答，并没有什么特别的用意，但氛围却像结了冰一样，男性们都对我敬而远之。

我从没想过联谊上提到结婚有这么严重的后果。所以，

为了日后，希望告知一下联谊上不能说的话题。

对于初次见面的人，请避免“沉重的话题”

比起话题的具体内容，“话题是否沉重”才是关键。沉重的话题指的是宛如当头浇了一盆冷水一样的话题。见面次数多了，或者关系好的了话自然是另当别论，但在大多数人都是初次见面的场合下还是注意要避免。

没有人会对第一次见面的人说出“我现在有着这样的问题……”这种话，除了“结婚”以外，“毕业院校”“收入”“容貌”都是同类话题。帅哥旁边可能也会有受伤的人。有可能引起别人自卑心理的话题还是要尽量避免。“过往的情史”也是一样。“至今为止和什么样的人交往过”是个沉重的话题，但“喜欢哪种类型的明星”就没问题。老家和兴趣爱好，则是不变的最佳话题。

联谊可以训练你在瞬间判断出“不能和这个人说这种话题”或“这里不能谈论这种话题”的能力，也是一个锻炼聊天能力的绝佳机会。

超级金句

“喜欢哪种类型的明星？”

恋爱聊天案例 4

第一次相亲，无话可说怎么办？

我快 40 岁了，还是单身。父母催着我快点结婚，频繁地为我设局相亲。我一直以“结婚的对象我自己会找”为由推辞至今，但这次父母说中间人是个亲戚，让我给亲戚一个面子。没办法，我才参加了第一次相亲。

我们在酒店的餐厅里吃饭，随后就是“接下来你们两个聊聊”这种老套的情节。但是就算我和她两个人相处，也不知道到底要说些什么！

事前，亲戚只告诉过我有关她的基本信息，对于这种初次见面的女性到底要说些什么才好呢？

结果，我们在尴尬的沉默中度过了好长的一段时间。

再这样下去的话，我总觉得没脸面对亲戚。

利用事先获得的信息，引出对方擅长领域的话题

如果一直冷场的话，想必对方也同样不知所措。也就是说，这已经导致你们两个产生了“处于同样境地”的共同点。

首先，你可以将现在的心情如实说出，用“这样面对面坐着的话，感觉很难找话题”“其实我一直很紧张，连菜的味道都没吃出来。真是太浪费了”这样的话来创造谈话的契机。

如果事前知道对方的部分信息的话，这种信息可以成为强有力的工具，用“听说你喜欢陶艺，你做的都是什么样的东西呢？”“听说你喜欢网球？我也喜欢。上周 ×× 的比赛你看了吗？”这样的问题，将话题转移到通过事前信息得知的对方擅长的领域中，谈话就会容易展开了。

或者，你们可以一起去庭院散步，既不用面对面，又能放松身体，聊天也会比较轻松。

超级金句

“你喜欢网球吗？ ×× 的比赛你看了吗？”

恋爱聊天案例 5

如何对付喜欢否定的异性？①

之前参加的联谊会中，席间虽然有我喜欢的男性，但坐在我身边的男性却对我说的话全部持否定态度，导致我的心情很不好。

不管我说什么，他都会用“不对吧”或者“那也太奇怪了吧”这样的否定句来打断。

其他女孩子都觉得他很烦所以没人搭理他，他就只好对坐在旁边的我一个劲地搭话。我说的内容都被否定了，导致我的心情非常低落。

但是，直接驳回去又显得太不成熟，所以我只好继续

忍耐了下去。

对于这种“否定男”，要怎样巧妙地应对呢？

带着同情和精神上的优越感和他接触

不管什么事都先从否定开始，把“但是”当作口头禅的人到处都有，不仅限于联谊。

但是，这种人出现否定发言的时机还是很好理解的。用剑来做比喻的话，越是粗的刀就越容易看到剑刃。所以只要判断出那个时间，用“哦！××又说‘但是’了！”这种语气将他的习惯转化为一种戏剧性的效果，产生一种他的否定式谈话在你的控制之下的感觉就可以了。只要你能站在精神上的制高点就可以。

要怀有“他就是一种只会说这种笑话的滑稽演员”的同情，和“控场的是我”这种精神上的优越感。

日本谐星明石家秋刀鱼会对自己后辈的滑稽演员们说：“怎么又是这招啊，你们就没点别的笑话吗？”你也要有这样的心态，用“居高临下”的态度去接触他，你就不会生气了。

超级金句

“哦！××又说‘但是’了！”

恋爱聊天案例 6

如何对付喜欢否定的异性？②

我参加的联谊会中也有一个什么都否定的男人。不管我说什么，他的第一句话总是“是吗？我不喜欢”“完全不觉得哪里好”“那个太奇怪了，你的品位有问题”这种否定句。

也不知道是他本来就是这种人，还是自我意识过剩，还是想在女孩子面前装帅，显得自己和“其他男人不一样”，总之大家都不喜欢他，而没有察觉到的也许只有他本人。

只要知道“他就是只会说这种话的人”倒也没什么问题，

但是难得大家一起联谊，总不能让他破坏了整个愉快的氛围吧。

有什么办法能让他闭嘴吗？请告诉我。

“全盘肯定”对方的否定，让他无从否定

还有一种有趣的办法可以对付全盘否定的男性，那就是全盘接纳对方否定的事物。

比如说：“这家店的意大利面很好吃哦。”“是吗？煮法还差点火候吧！”“哦哦，对哦。”或者“那个男演员 ×× 好帅啊！”“那种小白脸哪里好了？”“的确有点小白脸哦。”像这样，就像鹦鹉学舌一样，全盘肯定对方的否定。

将对方意图否定的萌芽扼杀在摇篮中吧。“被你否定了之后，感觉说得也没错”，这样给予肯定了之后，对方的否定也就不再是否定，对于他而言，也就失去了否定的意义。所以，对付否定男的办法，就是化身为“全盘肯定女”，鹦鹉学舌地贯彻认可。认真跟他争执也只是浪费时间，用省电模式对付他就足够了。

超级金句

“被你这么一说，好像确实是这样哦！””

恋爱聊天案例 7

男性如果不会搞笑的话，就不受欢迎吗？

我要去参加联谊，这是我进入大学以来的第一次。邀请我的前辈和我开了一个“纯男性的事前准备会”，会上他介绍了一个 “首先我会装点小傻，你来吐槽”“之后再由你来说个笑话”这样的作战方针。我说“我没什么有趣的话题可说”，结果前辈说：“你傻啊，现在连一两个笑话都不会说，怎么可能受欢迎！”

就算是这样，可我又不是滑稽演员，根本不可能像电视里一样说些能让大家爆笑的正经话。

实际上，那个前辈的装傻引来了一片冷场。接下来就轮到我了，可我没有准备那种东西……

比起让大家发笑，不如扮演让气氛融洽的角色

最近的年轻人似乎有些过度追求聊天时的笑点和转折了，滑稽演员是搞笑专家，对于他们来说，每天准备逗人发笑的话题并加以练习，再讲给大家听，就是他们的工作。所以，普通人没办法讲出绝不冷场的笑话也是正常的。前辈的冷场就是一个很好的证明。

首先，不要那么紧张，努力的方向不是让大家发笑而是“让气氛融洽”，努力创造一个能让话题自然发展的氛围。关键是巧妙地跟上女孩子们的话题，通过提问和附和来将话题扩展开来。像“这可是第一次听说，大家已经都知道了吗？快告诉我”“哇，你可知道一家很低调的店啊，今天一起来的朋友都常和你一起去吗？”这样，将接收到的信息还回去，并加以扩散。只要这种能够辐射到所有女孩子的“拉力赛”能够继续下去，就会是一种让人非常舒服的谈话。不能让人发笑的笑话，说到底只是一种自我满足，扮演好一个听众、一个扩散话题的角色，应该远比前者更能提升别人对你的好感度。

超级金句

“这可是第一次听说，大家已经都知道了吗？快告诉我！”

恋爱聊天案例 8

第一次约会就出了状况，怎么用聊天来化解？

好不容易和仰慕已久的她首次约会了。

我和她一起去看了她喜欢的J联赛的比赛，氛围很热烈，感觉还不错。后来，我们去了一家氛围很好的餐馆——我在杂志和网上查过并事前预约了。结果，在那里发生了一件没有想到的事。

我们坐到了一群与环境格格不入的人旁边。他们非常吵闹，明显更适合去附近的家庭餐馆。她也是一脸震惊的表情，来之不易的约会感觉就像被当头泼了一盆冷水。

过了一段时间之后，那群很吵的人终于回去了，但我们两个之间的氛围已经彻底冷场了。

这种时候，要用什么样的话题来修复呢？

预料之外的情况，也要拿来作为聊天的话题

这种情况属于不可抗力，不是你的责任。与其气愤那群人的不可理喻，不如反过来利用“一起经历了这种没有想到的状况”的伙伴意识。

“简直就像在施工现场吃了一顿饭一样啊！”“热闹成那样，互相之间还能听到对方的声音吗？”“声音那么大，他们是拉拉队吗？”“说到很吵闹的人的话，我倒是想起我们公寓里的一个出了名的住户……”像这样，互相抱怨几句也是情有可原的。只要将这种共通的情感作为话题，引导出谈话就可以了。

等到暴风雨平静了之后，就可以用一些话来重整旗鼓。“终于安静下来啦，我刚才说的话，你都听得清楚吗？”“嗯，完全没听清。”“也是啊，那我从头说起哦。”像这样就可以了。

总之，你可以反过来利用这种没有想到的状况，将它们都化作聊天的话题。希望你能学会这种临机应变哦。

超级金句

“简直就像在施工现场吃了一顿饭一样啊！”

恋爱聊天案例 9

我不擅长聊天，聊天总是会变成质问

可能因为我是理工科出身，性格也比较讲究逻辑，如果是讨论的话我会很擅长，但普通的日常对话和聊天就完全没办法展开。

我也想和女孩子轻松地交谈，但总是不知不觉就会变成刑讯一样的问话。

从“昨天你去干什么了”这种问题开始的对话，总是会演变成“为什么那时候你会那么想？”“为什么要做这种事？”这样一一询问理由的结局，女孩子自然是被吓跑了——我自己也能够理解。

那么，如何才能和女孩子愉快地聊天呢？

别去问原因，顺着话题的方向推动话题的展开就好

的确，聊天的关键就是“在对方的讲述中发现问题并提问”，但这也要看做法。交谈并不是刑讯，这个例子中的“提问进攻法”就起到了反作用。因为这个例子中的提问是在追求聊天中不需要的“意义和结论”。聊天中，没有人会想要知道理论性的结论。大家需要的不是答案，而是“扩展话题的切入口”。

提问的你需要先从放弃“寻找答案”开始。倾听对方的讲述时，就算想知道“为什么”“原因是什么？”也要忍住。就算是不能理解的话题，也要先用“原来如此，是这样啊”的句子先接受。提问时要问的也是“那之后怎么样了？”“她肯定吓了一跳吧”这种顺着对方话题、推动话题展开的问题。

放轻松，准备好享受没有意义的聊天吧。

超级金句

“原来如此，是这样啊。”

恋爱聊天案例 10

我对自己缺乏自信，不知道怎么和异性搭话

我是个上班族，35 年来从没有谈过恋爱。我的长相不起眼，也没什么拿得出手的兴趣爱好，工作也只是一般般，算不上精英。

最近，我开始参加相亲聚会，但也许是我散发出了那种没有自信的“负能量光环”，总是无法与女性和睦相处。

我也有着危机感，觉得再这样下去肯定不行。因此，每次参加聚会时，我都想着这次一定要积极出击，努力想要做好，但总是很难。

有没有什么方法能够在搭话时给别人开朗活泼、善解人意的印象呢？

联谊和相亲是完全不同的，要坦诚地展现自己

女性在本能上就能识别习惯周旋于女性之间的男性。像你这样的，很可能一眼就被看出“并不善长和女性打交道”。因此，从一开始就需要活泼地将真实的自己展现出来，“我不太习惯和女性说话，还请多多关照。”“我还不怎么习惯，但是鼓起勇气和您说话了。”但是，没必要老实到连“我不太擅长说话，性格也很灰暗”这种消极的事情也说出来。

接下来，不要问一些让人觉得是在查户口的问题，用诚实、稳重、明朗的态度与她接触。不要打肿脸充胖子，交谈中时而出现冷场也没问题。因为这里是相亲聚会，不是联谊，找的不是一起玩的朋友，而是结婚的对象。不需要你有多帅，也不需要你有多擅长交谈。过往的女性经验与现在的你也毫无关系。请拿出自信来。

超级金句

“我不太习惯和女性说话，还请多多关照。”

注意 ➡ **在和女性交谈前，稍微跳动下身体，放松心情，让身体暖和起来，就能比较轻松地谈笑。**

恋爱聊天案例 11

朋友迟到了，聚会上只有我一个男性

公司的同事邀请我参加一场三对三的联谊会，对方是他读书时候的女性朋友。

从手机上发来的照片看，三个女孩子都很可爱，我还暗自窃喜了一下，觉得自己运气不错。

到了联谊当天，让女孩子久等可不好，所以我提前抵达了聚会地点，女孩子已经全部到齐了。和照片一样，大家都很可爱！

但是男性这边来了的只有我一个人，剩下的两人发来了“抱歉，晚到大概 10 分钟”的信息。

什么？！面对三个初次见面的女孩子，到底要说什么才行？我的脑海中一片茫然……

夸赞对方，是聊天的黄金法则

请牢牢记在“找不到话题时，先夸赞对方”这一聊天的法则。即使是初次见面，即使关系不那么亲密，总之夸赞一下眼前能够看到的东西，这是肯定不会错的。既然大家都很可爱，那么外表就是一个绝佳的赞美关键词，首先就能用“大家都很时尚很可爱啊！”这种话来先发制人。“守时的女性真是太棒了。相比起来男人们就……”这种能够夸赞所有人的话也不错。

另外，这一阶段唯一的共通点就是这场联谊的“组织者”。“大家和 ××（组织者）是学生时代的朋友吗？”“是在同一个社团？”“滑雪社团的话，说明三位都很擅长了？经常一起去吗？”可以将组织者作为谈话的切入点，以此打开话题。

这种情况下能够愉快地聊天的话，女孩子们对你的好感度也会提高，还能够比晚来的竞争对手抢先一步。

超级金句

“三位都很时尚很可爱啊！”

恋爱聊天案例 12

同学会碰到了前女友，想跟她自然地聊天

毕业 20 年后，终于召开了高中的同学会。大家都很忙，能聚起来的也只有 40 个人左右。即使是这样，大家还是得以叙旧，度过了一段愉快的时光。而我也再度遇见了前女友。毕业前，我和她因为一点琐事大吵一架分手，之后就再也没有联系过。

在自我介绍时，她说自己离了婚，现在一个人抚养着一个男孩。其实，在之前我也想过“搞不好会碰到她”，但真的碰到了之后，互相都有点过度地客气，氛围变得很尴尬。我对现在的她已经没有什么想法了，只是想普通地

说说话而已。

不要讨论现在的话题，而是谈论一些往事

并不想重修旧好，但是互相介怀导致无法交谈——这种情况中，需要避免提及分手之后的人生，就算谈了，也只能用“那之后发生了好多事呢”来结束话题。

这时候，不如下定决心，坦率地讲述一些回忆往事。比如“已经过去很久了,但是那时候的 ×× 真是开心啊”,“要是一起去过迪士尼乐园就好了。”“但是那时候没钱啊。”“的确，那之后很快也就分手了，哈哈哈……”诸如此类。

不要讨论“现如今”，而是谈论一些“那时候”的话题，谈论一些共同的往事，不是挺好吗？

将棋和围棋的对局之后，会有一种感想战专门用来回顾局中棋子的走法。你所要面临的正是昔日恋情的感想战。正因为一切都已经过去了很久，现在的你才能对过去发表一些轻快的想法，将其变成一种感想战之后，就算当时是不欢而散，也能变成年轻时代恋情的一种回忆。

超级金句

“已经过去很久了，但是那时候的 ×× 真是开心啊！”

恋爱聊天案例 13

第一次参加相亲聚会，如何做好自我介绍？

前不久，我第一次参加了相亲聚会。听说氛围比我想象的轻松，所以我想应该没什么大不了的，就去了。

结果却非常凄惨。从在所有人面前进行自我介绍的时候开始就碰了壁。

我只能想到自己的名字、职业和公司名，于是想说一些妙语，结果噼里啪啦说了一堆没头没脑的话，导致进退两难。

不知道是不是因为这个缘故，总觉得女性们把我当作

了“无趣的、不起眼的男人”，我也没办法积极地与她们接触。如何才能做好自我介绍？请给我一些建议。

准备一些女性容易找到话题切入点的铺垫

在相亲聚会上，自我介绍是一种“最初的前菜”，非常重要。首先，要展现“积极、笑容和活力”，比起自我介绍的内容，只要做到了这三点，就足以给人明朗活泼的印象。当然，紧张是可以理解的，但还是要注意语速不要过快。就算内容很好，听不清楚就没有意义。

那么，除了姓名工作这种基本信息以外，还要说些什么呢？在此，建议准备一些之后对方容易找到话题切入点的“铺垫”。比如说“最近我在看美剧，有好剧的话请推荐一些给我”，或者“我很喜欢日本酒，对品酒比较有研究。大家在居酒屋里不知道选哪种酒时，可以随时联系我”。如果有人觉得“我也是”“我也有兴趣”的话，可能会有来自对方的主动接触。

超级金句

“最近我在看美剧，有好剧的话请推荐一些给我。”

第 4 章　对恋爱有利的聊天术（概括）

对付全盘否定者的方法是“乐在其中”

必须要和对什么事都采取否定回答的人交谈时，需要接受“对方就是这样的人”的事实，把对方当作只会说这种话的人，并乐在其中。在心里想着“估计他要否定了吧，果然否定了！”的话，交谈中也会不可思议地原谅对方。

受异性欢迎的诀窍是善于倾听

有时候，有些男性误以为只有在谈话中让女性发笑才会受欢迎，但这是没有依据的。往往来说，比善于说话更讨人喜欢的反而是善于倾听的人。关键点是看着对方的眼睛，给予合适的反应，对对方的讲述加以提问，将“我在认真地听哦”这种信息传达给对方。

不感兴趣的话题，可以以问句回复

能够遇见彼此兴趣爱好完全一致的人的概率，几乎是沧海一粟。性别不同的话更是难上加难。因此，当异性和你说到你不感兴趣的话题时，也要用问句回复，将你的关心传达给对方。也许也会让对方觉得欣喜，从而对你产生好感。

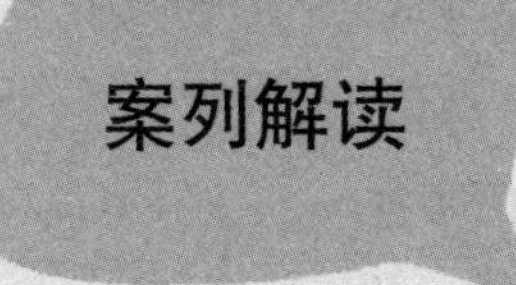

聊天就要这么聊！

聊天达人的独门绝技

本书中介绍的聊天规则和固定句式在实际的对话中是如何被使用的呢？

通过名人的对谈来观察一下吧！看完这些，再加上我的关键点解读，一定会对你的日常会话产生积极的作用！

想要成为聊天达人，就向阿川佐和子学习吧！

聊天，要这样“展开”！

阿川（阿川佐和子，主持人） 最近我一直在听上原小姐的专辑（**关键：要和谁见面时，事前做好准备工作就会易于展开对话**），越听越觉得有新的发现和感动。觉得是个好厉害的日本人，甚至还觉得“为什么会出现这样的人？真的是地球人吗？”（**关键：夸赞时，要放手去夸赞，有点夸张也不要紧。**）

上原（上原广美，钢琴家） 啊哈哈哈。

阿川 获得了格莱美奖之后，感觉如何呢？

上原 吓了一跳，我觉得这是有队长斯坦利·克拉克先生在才能取得的成就，对我而言只有对他的感激。我觉得这是上天赐予我的一种幸运吧。

阿川 斯坦利·克拉克先生是爵士贝斯的泰斗啊。

上原 完全正确。

阿川 为什么会想到一起创作一张专辑的呢。（**关键：将插话和提问自然地交织在一起。**）……上原小姐与奇克·考瑞阿（美国作曲家）先生也有很长的交情呢，也一起做过专辑。

上原 嗯嗯，最初是17岁的时候。我从滨松来东京上课的时候，偶然发现奇克先生在同一幢大楼里彩排。就这样碰上了面，我弹了一首钢琴，因为第二天就是他的公演，奇克先生就提议“那么一起表演一曲吧”……

阿川　突然就变成一起共演了？（**关键：一面表示惊讶，一面继续话题。**）

上原　奇克先生非常热爱培养后人，我觉得他可能在全世界的很多地方都做过这种事。所以我现在回想起来也觉得，不是我被特别选中了，而是正好机缘巧合的一种缘分吧。

阿川　有觉得“机会来了”吗？（**关键：对对方“内心的声音”加以提问。**）

（出自《阿川佐和子想见这个人 9》，31—32 页）

解读

附和 + 提问是聊天的基础

我见过阿川小姐本人，的确是一位聊天的达人。她尤其擅长聊天与有意义的谈话之间的过渡。她会用一种平易近人的方式，发出类似“呃？”“好厉害”“是地球人吗？”这样惊讶的提问。不是通过客套，而是通过原汁原味地表现自己直率的心情来打开对方的心扉，因此这些对话看上去很普通，却非常能够推动话题的展开。而当话题快要以一种抽象的形式结束时，她又会用“具体来说，比如？”这种提问来引出具体的故事。这些句子在我们的日常对话中也能用到哦。

趋于消极的话题，也要爽朗地回复

柳濑（柳濑嵩，漫画家） 你好。我这个人，眼睛不好，心脏不好，全身每一个器官都坏了，好不容易才活着。

阿川 哪有，您都九十二岁了，脸色还很好很有光泽……我父亲只比您小一岁，可您看上去比他精神多了。（**关键：恰到好处的积极回复。**）

柳濑 是吗？那对谈的一个半小时，我应该还是能活下来的吧（笑）。（**关键：就像问别人“How are you？”之后回复“I'm fine”一样，给予积极的回复。**）

阿川 柳濑先生，您对宫崎骏先生的动画怎么看呢？（**关键：难以启齿的问题也要单刀直入地提问，但要注意措辞。**）

柳濑 很棒啊，尤其是初期的作品，我觉得非常好。何止是比肩迪士尼，几乎是世界级的名作。我最喜欢的就是（**关键：不给予批评，而是给予极大的赞美。用“喜欢”来回复，姜还是老的辣！**）《鲁邦三世：卡里奥斯特罗城》。

阿川 看到优秀的作品之后，会不会觉得“嗯！我也还能继续”呢？（**关键：询问完第三人的话题之后，最终还是将话题转移到对方身上的高等战术。**）

（出自《阿川佐和子想见这个人 9》，448—462 页）

解读

让谈话立刻显得明快的“回复方法”

有关生病和年龄的话题中，如果回复方法错了的话，很容易产生一种怪异的感觉。阿川小姐既没有严肃对待，也没有反应过激，而是给出了积极的回复。柳濑先生也给予了幽默的回答。而对于“您怎么看 ××”的这个提问，聊天中的正确做法就是首先夸赞，不然如果对方很喜欢的话就会很尴尬。不是品头论足也不是批评，而是使用“我喜欢”这种说法并加以赞美，这一点上也可以感受到柳濑先生对于对方的关心和服务精神。这是一个能够展现两人的社交性、巧妙谈话的例子。

从专家或熟悉这个行业的人口中引出话题的方法

阿川 我也是这次才知道的（**关键：向对方表明“我很关心”的态度**），女足和男足在待遇方面相比，并没有特别好呢。

佐佐木（佐佐木则夫，女足教练） 嗯嗯，……大和抚子联赛里专业和业余的是混合比赛的。

阿川 业余指的是白天有各自的工作……?

佐佐木 对的，然后晚上练习……

阿川 好辛苦啊，但是，我想法比较业余，希望您不要介意（**关键：向熟悉这个行业的人提问时“可以用到的句子”**），我觉得大和抚子的强大之处正是来源于大家都有着另一种必须认真对待的生活。

佐佐木 的确，正因为环境比较严峻，所以大家才会特别珍惜踢球的时间……

阿川 原来是这样，能踢球就已经很幸福了啊。……说来佐佐木先生开始涉足女足的契机又是什么呢？（**关键：表示共鸣的同时，继续展开谈话。**）

（出自《阿川佐和子想见这个人 9》，67—68 页）

解读

打破心灵隔阂的一句话

对方是年长者或某个领域的专家的话，提问就需要勇气。这种情况下，可以加入能够打破心灵隔阂的（缓冲剂）一句话。阿川小姐这句“我想法比较业余，希望您不要介意”就能够展开话题。开头的那句“我也是这次才知道的”也是一个很好的开场白，能够让对方容易开口，也是一句能够缓解紧张感的句子。推荐大家也可以替换成“最近才知道的”来加以使用！

“对方的第一印象”是聊天的绝佳话题

阿川 我是在前年，小林幸子小姐她们也参加的聚餐上首次见到的佐田先生。（**关键：仿佛像是上次见面的“后续”般地开始谈话。**）

佐田（佐田雅志，歌手） 对对，那次聚餐的参加者可都是大人物。阿川小姐和我想象的完全一致。

阿川 佐田先生和我想象的相差很多。（**关键：互相讲述第一印象。**）没想到您是这么开朗的一个人，毕竟您的歌相比较而言比较……那个……

佐田 灰暗吗？毕竟我是法事系歌手嘛。

阿川 法事系（笑）。

佐田 现在能在盂兰盆节上做晚餐表演的也只有我一个人吧？……热门曲中带有“灵”这个字的人我想应该不多，而且还是上百万的发行张数。

阿川 您说的是《精灵流》。

佐田 ……还有《无缘坂》和《断缘寺》，悲惨三部曲（笑）。要这么继续下去的话，接下来就只有《头七日》和《六地藏》了。（**关键：以“法事系”为关键词巧妙地推动话题展开。**）

（出自《阿川佐和子想见这个人 8》，126—127 页）

解读

出自聊天高手之口的高手级过招

从这两位聊天高手的对话中，可以学习到的是互相告知第一印象这种方法。诸如“本来还以为您是一位很凶的人，没想到其实很友好”，其关键就是尽可能地往积极的方向靠拢。这两人的过人之处就在于能够像“水陆两用”一般持续而又自然地将“聊天般温和的话题”与“年轻时受到的挫折”这种深刻的话题融合在一起进行展开。聊天和哲学性的话题似乎没有什么差距，没有什么刻意的痕迹。

没有内容很重要！不让谈话冷场的话术

用联想游戏的方式，使没什么意义的对话持续下去

南希（南希关，主持人） 宝矿力水特，是赞助商吗（笑）？果然发掘容易让人疲劳啊。

李力（李力·弗兰奇，演员） 因为会出很多汗（笑）。果然，发掘是一件又要花很多钱又会吃很多苦的事呢。

南希 对了对了，我今天第一次找到了2000日元的纸币。好不容易啊！

李力 因为这种纸币市面上很少见啊。……说来，为什么纸币上印的是冲绳？为什么是守礼门（**关键：想必不用特别说明大家也该明白了，这里就像“联想游戏”中“单词接龙”般互相衔接着**）啊？

南希 因为有冲绳峰会（笑）。我是蛮随心所欲的。

李力 背面还是《源氏物语》呢。真是太随便了（笑）！真心觉得冲绳苦瓜或者冲绳金楚糕都比它好。

南希 人物来说的话是紫式部，姑且还是顺着夏目漱石这些作家系列的吧。虽然也有让所有的人都知道，也便于介绍这种好处，但总觉得太随意了。

李力 这样的话，还不如索性用海螺小姐算了。

（出自《李力 & 南希的小酒馆》，68页）

仅仅只是“卡拉 OK”，也能展开很多话题

李力　喝醉了唱歌的时候，如果有年轻的女店员进来送饮料或者什么的话，有时候会觉得很尴尬呢（笑）。

南希　店员进来的时候，声音会小一点吧。

李力　还有一种尴尬的时候，就是和有血缘关系的亲戚一起唱卡拉 OK（**关键：将在“卡拉 OK”中经常遇见的情景作为话题的开始**），总觉得像是把平时隐藏起来的自己暴露给了大家。

南希　我有过那么一次，和我弟弟一起去唱卡拉 OK（**关键：用这种“我也有过我也有过”的方式，接过话题并阐述自己的经历**），总觉得弟弟唱得好得有点恶心，当时受了不少打击呢（笑）。

李力　卡拉 OK 这种，不管好坏都是自己的风格。但又要观察别人的脸色，总觉得好微妙。（中略）

南希　比起唱得好坏，最让人不舒服的就是别人会观察你在唱些什么歌。（**关键：一边赞成对方的观点，一边**

> 解读
>
> **用游戏般的感觉享受聊天吧**
>
> 读着南希小姐和李力先生那些天马行空的对话，心情也会变好。宝矿力水特→汗，钱→ 2000 日元纸币，守礼门→冲绳峰会→苦瓜，谁都知道→海螺小姐，像这样通过对方讲到的单词进行联想，不断地跳出新的单词。因此，对话看似跳跃，但其实都有着互相之间的衔接。将这个规则应用在聊天中，话题的展开会令你惊讶。在这里，我们不需要名为结论的射门，只要小心地进行带球和传球，谈话就会妙趣横生。

不动声色地推动自己的见解。）

李力　……有时候，单纯地觉得“这个女孩子不错”，于是就跟她一起去唱卡拉 OK 了，结果有时候她的选曲或者唱法就会让你觉得，“这是个眼界很小的女人”。

南希　好可怕（笑），已经不是娱乐了。

（出自《李力 & 南希的小酒馆》，220—222 页）

解读

已经偏题了，但话题却没有结束

就像接龙游戏或者联想游戏一样，抓取到对方的话语之后就不断地转移话题。这就是快节奏的聊天。仅仅一个卡拉 OK 就能持续 14 页以上的话题。从“多久去一次卡拉 OK”开始，直到通过卡拉 OK 进行人性的观察，这些轻快的话题互相衔接着。也就是说，什么都可以，不要畏惧无聊的话题，敢于说出来就是关键。两位的看法和观察角度都非常有趣，因此尽管是些没什么重点的谈话，从读者角度来看，也不会感到无趣。

和专家也能轻松聊天，系井重里的大师级绝招！

不仅仅是全盘接纳，还要从自己的亲身经历去讲述

川上（川上弘美，作家） 以前还很擅长抓知了呢。

系井（系井重里，主持人） 我也很会抓知了。窍门就是假装没有自己这个人。（**关键：通过“附和＋观察”可以很容易地进入别人的话题。**）

矢岛（矢岛稔，昆虫学家） 这点很重要的。

系井 在假装自己不存在的状态下，知了会逐渐接近自己，然后很快地出手。

川上 用手？

系井 用手抓才好玩呢。用捕蝉网之类的，借助其他工具的话注意力就不会那么集中了。（**关键：附加一句自己的经验，这样对话的衔接就会变得流畅。**）

川上 原来是这样……我是靠捕蝉网的。悄悄地水平移动捕蝉网，避免引起风，然后用力一扑。果然关键还是要消除自己的气息呢。

（出自《窃取经验：意味深长的生活·兴趣篇》，62 页）

系井 适合自己和不适合自己，到底是什么意思呢？（**关键：提出一个抽象但由业内人士回答就会显得比较有趣的问题。**）

大桥（大桥步，插画家） 这个问题很难回答啊。

广濑（广濑光治，编织设计师） 我的话可能就是照镜子的时候感觉，“啊，这个我喜欢”。

系井 就像我这种无所谓的人有时候离开家门了，又会觉得自己穿得总觉得不对劲，然后回家去换衣服呢。（**关键：一边讲述自己的经历，一边将话题抛给别人。**）

大桥 有时候昨天合适的，到了今天又不合适了……。因为不知道，所以才会努力穿不同的衣服吧。

（出自《窃取经验：意味深长的生活·兴趣篇》，149页）

解读

将自己的经验与话题联系起来

讲述自己的亲身经历时，不要在自己的擅长领域内一枝独秀或是自说自话，要记得时刻与另外两人产生交集，要为大家不断地提供这样的契机。这也是系井重里氏卓越的“人际能力”使用的手法。即使对方是具备高水平知识的专业人士，也能不加顾虑地参与谈话，这也是得益于系井氏丰富的经验。多经历一些事，也可以间接地锻炼你的聊天能力。

放弃“谈论自己”吧！和年轻人谈话时的两个关键

主角是“你”，要从对方的角度去讲述

佐野（佐野洋子，作家） 你觉得呢（**关键：忍不住想说“我觉得”的时候，要用“你觉得呢”来替换**）？设计系应该是最难的吧。

西原（西原理惠子，主持人） 是的，能考上我觉得运气简直太好了。

…………

佐野 你那时候已经有校园了吧？我那时候（**关键：通过“共通的话题”来增加共鸣和亲密感**）的学校简直跟幼儿园一样。东京女子大学的正背后，一幢木造的校舍就是学校了……

西原 我那时候画画的工具好贵好贵，我都不想画了。

佐野 什么样的工具？（**关键：避免“谈论自己”，用提问来回答。**）

西原 颜料一箱要五千日元左右呢，丽唯特什么的……

佐野 但是你（**关键：再次在句首使用“你”**）也有在卖颜料，这点还算好吧。

…………

佐野 我觉得你这种亲力亲为的人很了不起呢。

西原 没什么了不起的。我其实没什么创造才能。

……所以，就算坐在桌子前拼命想，也想不出个所以然。只有到了现场，得到某些灵感，不然就什么都没有。

所以，我才尽可能地要去现场，只要去了现场，就会发现很多以前完全不知道的东西。

…………

佐野 好厉害呢！果然是比不上的啊！（**关键：即便对方是自己的晚辈，也要诚心诚意地赞美！**）

（出自《佐野洋子对谈集：人生的基础》，24、26、30、31 页）

解读

正因为是长辈，才不能“谈论自己”

在和晚辈、年轻人谈话时，很多人会无意中陷入“谈论自己”的话题。滔滔不绝地讲一些说教、炫耀的话，交流也就难以持续了。因此，要有意识地将话题抛向对方，“让我听听你的想法”，时而发出一些“我也是”的共鸣，一边坦率地夸奖对方“你可真了不起”，一边享受以对方为中心的聊天。当对方淡淡地说到“画画的工具很贵”的时候，就可以用“什么样的工具？”为问题，引出具体的内容，这点也很重要。请大家重视“那是什么样的感觉？”“能说得具体点吗？”这种引导式的提问。

重复“偏离话题然后回到正轨”这一步骤

李力 喝完酒之后第二天，可能会有一些想起来会后悔的事，但是抽烟的话，第二天想起来也不会有什么不快的回忆。高桥幸宏先生是我在武藏野美术大学的前辈，几年前幸宏先生戒了烟，有次我在他旁边抽烟，幸宏先生就跟我说“李力，烟还是不要戒为好哦。戒烟之后的好事一点都没有”（笑）。

佐野 你经常和学校的前辈（**关键：抓住对方“前辈”的这个关键词，并转移话题**）见面吗？

李力 这也蛮巧合的，我的酒友们很多都是同一个大学出身的人（**关键：将话题转回“前辈”和“喝酒”**）。

……话说，佐野小姐的父亲曾经说过的“不要吝惜金钱和生命”，可真是一句不可多得的教诲啊。

佐野 嗯，我也真心这么认为（**关键：将话题转移到佐野氏父亲说过的话上**）。

李力 搞不好现在很多教育方法都是正好相反的，教育大家要珍惜金钱珍惜生命地生活（**关键：一边阐述共鸣，一边回到话题**）。

（出自《佐野洋子对谈集：人生的基础》，227—228 页）

解读

将共鸣和理解用“共通语”来表述

与长辈晚辈的关系无关，这篇对谈中能够感受到互相的理解和共鸣。李力先生在与同大学的前辈（也就是武藏野美术大学的前辈）佐野小姐谈论“武藏野美术大学的前辈”时，佐野小姐就立刻用“你经常和学校的前辈见面吗？”的问题，在接纳了对方的话语的基础上，将话题转移到对方身上。接下来，李力先生又用一句“佐野小姐的父亲曾经说过”，将话题转移回对方身上。从中也可以看出两人的聊天能力之高。使用对方的语言，通过提出与对方相关的话题，能够拉近两人之间的距离。

从轻快的交谈到深层面的交流，将聊天能力转化为对话能力的课程

从聊天到对话，自然地将话题深化

谷川（谷川俊太郎，诗人） 说来这次拜读了（河合氏的）新书（《心的处方》）的目录，……感觉读起来就像和歌花牌（**关键：用和歌花牌为例阐述感想**）一样，真是一本适合新春佳节气氛的书（**关键：抓住“花牌”这个词进行赞美**）呢。

河合（河合隼雄，心理学家） 这个目录不错吧，有点像新式的和歌花牌吧。

谷川 河合先生之前（**关键：挖掘出以前的故事，就像“上次的继续”一样谈话**）曾经说您辞去了大学的工作，作为讲谈师去了世界的很多地方吧。

河合 是的是的。

谷川 拜读这本书的时候，感觉已经进入了讲谈师的世界（笑），就像书名一样，这本书里记载了各种有关心的问题，细读之下会有很多出乎意料的发现，但是就像后记中写的一样，写作的基础其实是常识呢。

河合 嗯嗯，对的。

谷川 所以才会产生一种和歌花牌的感觉……但是为什么现在世道已经变化到成了不得不把这些“常识”再度正式讲出

来的世界呢，在这里我想请教一下，河合先生您对这种世界的变化是怎么看的。（**关键：通过聊天中出现的“常识”这个话题来回到正题，从聊天快速切换到对谈。**）

河合　我觉得，这个世界上能够教育常识的场所已经极端地减少了。而且，有常识的人逐渐丧失自信，甚至产生了一种非常识性的观点更具有价值的错觉。我觉得这个很重要。从个体和普遍的问题上也可以说（**关键：一边回答对方的提问，一边切换到更深层次的话题**）……

（出自《倾听心的声音——河合隼雄对话集》P72–74）

解读

配合对方进入话题

聊天能力很强的两人在对话时，会非常自然地一边引用对方的话，一边将其转移到对话中去。而在本书的最后出场的村上春树，则突然就提出了这样一个要求：“河合老师也写过不少有关故事的内容，所以今天我想提一些关于故事的问题”。对此，河合氏轻轻地接过这个话题，并从正面进行了回答：“这是一个很深奥的话题，所以我也不得不说一些深奥的话（笑）。我也是心理学家，所以对意识这种东西最为关心。”配合对方进行回应，这可是高手的水平。

案列解读　聊天达人的独门绝技（概括）

对谈集和谈话集是学习聊天的最佳教材

通过这本书中学到的聊天法则和句子，要如何在实际对话中使用呢？这种时候，最好的办法就是从聊天的专家的谈话中学习。请大家参考这里介绍的对谈集，享受与身边人没有主题的对话吧。

抓住对方的话语之后进行关联

让谈话不冷场的秘诀，就是抓住对方的"话语"并进行谈论。既可以在抓住对方的话语之后，不断改变话题，也可以用"那你觉得 ×× 怎么样呢？"这种引入下一个问题的方法进行展开。就像联想游戏、接龙游戏一样轻快。

从没有主题的聊天切换到深层面的对话也是可能的

只要能够进行轻松的聊天，也就应该能够认真讨论更深层次的话题。因为聊天不是什么特定的技能，而是谈话的一部分。擅长聊天的人应该也能配合对方，自由地将没有主题的闲聊切换成有意义的对话。

后记

聊天术，就是为人处世的人际术

我在大学里也教过学生们“聊天术”的相关内容。

不仅是学生，很多成年人也是一样，大家都能和同龄或同辈的“朋友”进行谈话，但是在面对除此之外的人群时就会遇到一些困难。

在电梯里和别人共处一个空间时，也只是默默地低着头向下看；在有年龄差距的人面前，忽然发现找不到任何话题。消沉于自己的这种无所适从，认为自己“反正就是个缺乏社会性的人”，然后更加封闭自己的交流通道。

我认为，现代社会中引发这种“常见现象”的原因在于这个人的“不谙世事”。

这里说到的“不谙世事”指的不是有钱人家的大少爷、

大小姐的疏于了解世间的诸般事情，而是更倾向于“不适应世事”。

也就是说，无法和人很好地接触只是因为“不习惯这个世界”。这与个人的资质和生来具备的性格是没有关系的。

说到这里，有人也许会问，那么“适应世事”“习惯了这个世界”，又是一种什么样的情况呢？

世事指的是什么？只能是世界上的人际关系。

那么，我所认为的“适应世事”又是什么呢？

比如说，就是不管在什么样的情况下，不管遇到哪个领域的人，都能让氛围不显僵硬，控制好气氛。也就是说，具备了快速应付各种场合的应对能力。

眼前全是不认识的人，气氛僵硬得空气都快要凝固。喝酒时冷场，酒桌上笼罩着难熬的沉默。因为失误和故障导致氛围紧张，一触即发。这种能力能让你在身处这种环境中时，通过一些看似无心的对话和无伤大雅的话题缓和氛围，使凝滞的空气缓缓地流通起来。

像这样，能够将自己周围的人际关系（即世事）圆滑地周转起来，这就叫做“适应世事”“接受了这个世界”。

而这种能力，正可以称作是“聊天术”。

聊天术就是“人际术”。

磨炼自己的聊天术，指的正是去了解这个世界，接受这个世界。

这次，本书之所以用这种汇集了“普遍的让人为难的琐事”的方式进行写作，就是为了让大家模拟各种“常见的状况”，通过模拟来了解世事，并希望大家能够脱离“不谙世事”的角色。

也就是说，只是随手浏览这本书时，就能看到世事的一角。

在各种情景下，如果能够进行一些无伤大雅的聊天，不仅能够缓和现场的氛围，有时甚至还会收到一些令人愉悦的“意外之喜”。

这里的“意外之喜”，有时是服务，有时是新的人际关系，有时是危急时刻的保护网，各种各样，不一而足。

如果你和房东经常保持沟通的话，就算搞错了丢垃圾的日子，房东可能也会认为你“偶尔犯了个糊涂”而不会和你发火。保持良好关系的邻居，在突然遇到自然灾害等情况时，可能也会对你产生很大的帮助。远房的亲戚、其他部门的上司，都有可能在你没有想到的情况下对你产生帮助。当然，也有可能在酒会之类的地方找到一生的朋友或者是结婚对象……

能够聊天，就能像这样将自己周围的世界扩大开来。这就是“人际术”。

我很喜欢阅读报纸和杂志上的“人生对话”栏目。因为这里的问题就是“世事”，阅读这些栏目，就能了解如今的世事。

如果有读者在阅读本书时发现一些章节与自己无关因此跳过去了的话，不妨当作是别人的“人生对话”回头再看一遍。通过了解这些对话当中蕴含的“人性的经营”，可以帮助你锻炼“人际术”，提高你的生存能力。

可以说，本书也是“了解世事的大辞典”，而且提供了可以作为锻炼人际术的工具的“聊天术”，还有马上就能实践使用的“开场白”。

聊天术就是人际术。

如果你能将本书作为处事的“工具”反复研读，我会感到万分荣幸。

另外，对于曾经将“聊天术”视作交流工具的人，应该也感受到了聊天术是如何转换为谈话术的。与其说聊天术是某种特定的技能，不如说它只是谈话术的一部分。通过聊天扩展人际关系之后，接下来等待你的就是推心置腹的“谈话”了。

首先，通过掌握“开场白”来缩短和对方的距离；接下来，感受一下将对话衔接起来的趣味与舒适；最终，再通过与对方的对话，构筑起深刻的人际关系。像这样，大家的人生肯定也会变得更加丰富、更加充实。

最后，感谢编辑柳泽敬法先生的协助，钻石社书刊编辑部的和田史子小姐、上村晃大先生的支持，以及将上一本书《超级聊天术》送到读者手中的销售人员、全国书店的各位，致以深深的感谢。

斋藤孝

2014 年 4 月

图书在版编目（CIP）数据

超级聊天术．实战篇 /（日）斋藤孝著；雯姝译．-- 北京：北京联合出版公司，2018.4（2021.5重印）
ISBN 978-7-5596-1575-6

Ⅰ．①超… Ⅱ．①斋… ②雯… Ⅲ．①语言艺术 Ⅳ．① H019

中国版本图书馆 CIP 数据核字 (2018) 第 013828 号

北京市版权局著作权合同登记号 图字：01-2018-0817 号

超级聊天术：实战篇

选题策划：李珊珊
责任编辑：孙志文
出版统筹：谭燕春
特约监制：高继书
特约编辑：牟莉莉
内文排版：蒿薇薇
装帧设计：格·创研社

北京联合出版公司出版
（北京市西城区德外大街83号楼9层 100088）
北京联合天畅发行公司发行
北京美图印务有限公司印刷 新华书店经销
字数150千字 700mm×1000mm 1/32 9印张
2018年4月第1版 2021年5月第4次印刷
ISBN 978-7-5596-1575-6
定价：45.00元

ZATSUDAN RYOKU GA AGARU DAIJITEN
by TAKASHI SAITO

Original Japanese language edition published by Diamond, Inc.
Simplified Chinese translation rights arranged with Diamond, Inc.
through Future View Technology Ltd